ANGELINA PAUSTIAN

MANGA KOCHBUCH

JAPANISCH 2

avBUCH

Noch mehr japanischer Kochspaß?

Alle Werke von Angelina Paustian

Preisgekrönt: „Koch dich japanisch!“ und „ Manga Kochbuch Bentō“.
Diese beiden Werke wurden von der Jury der Gourmand World Cookbook Awards 2013 und 2016 zum besten Buch der japanischen Küche national gewählt!

MANGA KOCHBUCH JAPANISCH
21 x 24 cm, Softcover,
ca. 70 farbige Abbildungen,
96 Seiten
ISBN 978-3-8404-7035-6

MANGA KOCHBUCH BENTÔ
21 x 24 cm, Softcover,
ca. 56 farbige Abbildungen,
112 Seiten
ISBN 978-3-8404-7042-4

MANGA KOCHBUCH KAWAII
21 x 24 cm, Softcover,
ca. 70 farbige Abbildungen,
96 Seiten
ISBN 978-3-8404-7051-6

DIE REISE GEHT WEITER!

Herzlich willkommen zum zweiten Teil unserer kulinarischen Reise durch Japan! Auch dieses Mal habe ich mich wieder durch die Küche Japans gekocht und viele neue Rezepte von meinen Reisen aus dem Land der aufgehenden Sonne mitgebracht. Japan ist wie meine zweite Heimat. Ich habe dort eine Zeit lang gelebt und reise nun jährlich zurück, um neue Rezeptideen kennenzulernen und zu kreieren. Ich hoffe, euch werden sowohl die typischen Klassiker wie die modernen Varianten schmecken! Und deshalb gibt es nur noch eines zu sagen:

Itadakimasu!

Angelina Paust

Eure Angelina

BESUCHT MICH UND MEINE REISE AUCH AUF:

FACEBOOK: PAUSTIANJAPAN

BLOG: WWW.MANGAKOCHBUCH.DE

INSTAGRAM: MANGAKOCHBUCH

Natürlich braucht ein Manga-Kochbuch auch eine fähige Mangaka. Die Manga in diesem Kochbuch stammen alle aus der talentierten Feder von Mariam Hardjowirogo alias machi.manga. Neben ihrem Beruf arbeitet Mariam als Dozentin einer Manga-Schule.

Vielen Dank für all die Jahre, in denen du Aya und Daisuke zum Leben erweckst! ❤

IMPRESSUM

avBUCH im CADMOS Verlag

unveränderter Nachdruck 2022

Grafisches Konzept: Manga Hamburg, Hantsch PrePress Services OG, Wien

Layout, Satz und Bildreproduktion: Hantsch PrePress Services OG, Wien

Bildquellen: Ulrich Hantsch (Coverfoto und Fotos im Innenteil),
Layout und Grafik Seite 2: Carmen Ching

Food-Styling: Angelina Paustian, Ulrich Hantsch

Illustrationen: Mariam Hardjowirogo, Hamburg (www.machi-manga.de)

Lektorat: Christa Klus-Neufanger

Druck: www.graspo.com

Für die Richtigkeit der Angaben wird trotz sorgfältiger Recherche keine Haftung übernommen.

Der Verlag und die Autorin übernehmen keinerlei Haftung für Beschwerden, die sich durch Anwendung der Rezepte ergeben, und übernehmen auch keinerlei Verantwortung für medizinische Forderungen.

Deutsche Nationalbibliothek – CIP-Einheitsaufnahme.
Die Deutsche Nationalbibliothek verzeichnet diese Publikation in der Deutschen Nationalbibliografie; detaillierte bibliografische Daten sind im Internet über http://dnb.ddb.de abrufbar.

Printed in EU

ISBN 978-3-8404-7059-2

ES GEHT WIEDER LOS!

Auch in diesem Buch erwarten euch wieder viele Leckereien aus ganz Japan. Und auf unsere kulinarische Reise begleiten uns wie immer Aya und Daisuke. Die beiden haben schon viel miteinander erlebt und lieben das Kochen mindestens genauso sehr wie das Essen!

Daisuke isst für sein Leben gern und zwar am liebsten das, was Aya ihm kocht. Er ist ein bisschen tollpatschig, aber immer für einen da und der Retter in letzter Not.

Aya ist unsere kleine Chefköchin! Sie liebt es, neue Rezepte auszuprobieren, Gerichte zu dekorieren und Menschen mit ihren Köstlichkeiten glücklich zu machen. Meistens weiß sie vieles besser – manchmal aber eben auch nicht – , außerdem ist sie etwas perfektionistisch veranlagt.

Zusammen ergeben Aya und Daisuke einfach das perfekte Team. Und wie sagt man so schön? Gegensätze ziehen sich an! Also begleitet sie auf ihrer Reise und kocht euch durch die Schönheit Japans.

INHALT

Gewinnerbild Fan Art Wettbewerb von Sonja Bezold

ZUTATEN FÜR DIE JAPANISCHE KÜCHE

Wie in jedem Land werden auch in der japanischen Küche landestypische Zutaten verwendet. Durch den Einsatz der richtigen Zutaten kannst du dir den echt japanischen Geschmack ganz einfach in deine eigenen vier Wände holen. Damit du diese Zutaten besser kennenlernen und einkaufen kannst, stellen wir dir hier die vielleicht noch unbekannteren Zutaten aus den Rezepten vor.

Hot Bean Sauce

Scharfe Chilisoße auf Grundlage von Saubohnen oder Sojabohnen. Sie ist eher dick und mit Bohnen und Chilistückchen versetzt.

Beni Shōga

Den roten Ingwer, der gerne auf Nudelsuppen oder Curry als Topping kommt, gibt's in mit Flüssigkeit gefüllten Tüten.

Sake

Sake ist ein japanischer Reiswein mit ca. 14 % Alkohol, er wird als Würze eingesetzt. Der Alkohol verdampft beim Kochen. Zum Kochen eignet sich auch ein günstigerer Reiswein. Guter Sake kann heiß oder kalt getrunken werden.

Getrocknete Garnelen

Diese Garnelen lassen sich meistens im Kühlschrank im Asiamarkt finden.

Instant-Dashipulver

Dashi ist eine Fischbrühe und wird in Japan so verwendet wie bei uns Gemüsebrühe. Dashi rundet den Geschmack ab und verleiht den Gerichten einen authentischen Geschmack. Ihr könnt es entweder fertig als Instantprodukt online oder im Asiamarkt kaufen bzw. die Brühe selbst machen. (Rezept siehe Seite 18)

Klebreismehl

In Japan werden viele verschiedene Reismehlsorten für die Desserts verwendet. Eine davon ist Klebreismehl, das die Speisen bindet. Klebreismehl kann daher nicht durch normales Reismehl ersetzt werden. Man kann es online oder im Asiamarkt finden.

Azuki-Bohnen und Yude Azuki

Azuki-Bohnen sind japanische Bohnen, die es getrocknet in gut sortierten Super- und Biomärkten gibt. Yude Azuki sind die bereits mit Zucker eingekochten Azuki-Bohnen, die man in Dosen kaufen kann. Man kann sie auch selbst herstellen (Rezept siehe Seite 94).

Udon-Nudeln

Udon sind dicke Weizennudeln, es gibt sie in zwei Varianten: entweder vorgekocht und vakuumiert, dann sind sie dick und rund, oder getrocknet, dann sind sie flach und breit. Udon-Nudeln kann man am besten im Asiamarkt oder online finden. In diesem Buch wurden eher die vakuumierten Udon-Nudeln verwendet.

Matcha

Matcha ist ein grüner Tee, der als fein gemahlenes Pulver erhältlich ist. Der Tee wird in Japan für die traditionelle Teezeremonie, aber auch für viele Desserts verwendet. Daher gibt es beim Matcha auch verschiedene Qualitätsstufen. Zum Backen reicht ein sogenannter Koch-Matcha. Dieser ist günstiger und verleiht den Speisen einen angenehmen, leckeren Grüner-Tee-Geschmack. Matcha könnt ihr online, im Teefachhandel oder in gut sortierten Supermärkten finden.

Kombu

Die getrockneten, dicken Algenblätter verleihen den Brühen einen authentischen Geschmack. Der weiße Film auf den getrockneten Blättern spielt dabei eine wichtige Rolle und sollte auf keinen Fall vor dem Kochen abgewischt werden.

Konnyaku

Konnyaku ist ein Würfel aus der Konjakwurzel und hat keinerlei Kalorien, sättigt aber sehr gut. Beim Auspacken kann er sehr intensiv und fischähnlich riechen. Den Würfel gründlich unter Wasser abspülen. Er hat an sich keinen Eigengeschmack und eignet sich daher prima für Brühen und Soßen.

Narutomaki und Kamaboko

Diese beiden Varianten von Fischküchlein bestehen aus gepresstem Fisch. Sie lassen sich zumeist in der Tiefkühlabteilung im Asiamarkt finden.

Fruchtpulver

Erdbeer- und Orangenpulver sind Zutaten aus gefriergetrockneten, gemahlenen Früchten. Sie eignen sich prima für Gerichte mit fruchtiger Note, ohne sie zu verwässern. Beim Kauf bitte darauf achten, dass es sich um 100 Prozent Frucht ohne Zucker handelt. Lässt sich sehr gut online bestellen.

Katsuobushi

Die getrockneten Fischflocken vom Thunfisch sind eine der Grundlagen für eine leckere Dashibrühe. Diese Flocken geben der Fischbrühe ihren Geschmack. Man findet sie online oder im Asiamarkt.

Shiro-Misopaste und Aka-Misopaste

Miso ist eine Paste aus Sojabohnen. Je nach Region in Japan gibt es unterschiedliche Varianten davon. Shiro Miso ist dabei eine sehr helle, fast weiße Misopaste. Sie ist sehr zart und leicht im Geschmack. Aka Miso ist eher kräftig, man benötigt daher weniger für einen intensiven Geschmack. Es gibt auch viele Mischformen. Solltet ihr einmal Shiro Miso durch Aka Miso ersetzen wollen, dann nehmt viel weniger Aka-Misopaste.

Shimeji- und Enoki-Pilze

Ihr könnt sie in gut sortierten Asiamärkten finden. Die Pilze werden in Japan häufig verwendet und geben den Speisen einen tollen Geschmack. Sie sind im Geschmack eher leicht und zart.

Mirin

Der sehr süße Kochreiswein ist zum zum Würzen von japanischen Speisen oft unerlässlich. Hochwertig ist der rund 14-prozentige Hon Mirin (Echter Mirin), der aus Klebreis und destilliertem Alkohol besteht.

WO BEKOMME ICH JAPANISCHE ZUTATEN?

Im Internet gibt's viele Anbieter, die japanische Lebensmittel und Zutaten verkaufen. Hier eine kleine Auswahl an Bezugsquellen:

www.japan-feinkost.de
//japan-lebensmittel.de
www.asiafoodland.de
www.dae-yang.de
www.nanuko.de

Tahini

Die Sesampaste lässt sich mittlerweile auch in vielen großen Supermärkten finden.

Panko

Das japanische Paniermehl ist viel grober als unser Paniermehl.

Yuzu-Saft

Yuzu ist eine Zitrusfrucht aus dem asiatischen Raum und in Deutschland noch eher unbekannt. Sie hat einen sehr charakteristischen und aromatischen Geschmack und eignet sich perfekt für Desserts oder herzhafte Speisen. Den Saft kann man online oder im Asiamarkt finden. Beim Kauf sollte man darauf achten, dass es sich um 100 Prozent Saft ohne Zuckerzusatz handelt.

Sliced Beef
Dieses sehr dünn geschnittene Rindfleisch könnt ihr beispielsweise im Asiamarkt in der Tiefkühlabteilung als „Sliced Beef“ finden. Alternativ könnt ihr auch Metzger bitten, das Fleisch – am besten Minutensteak oder Filet – hauchdünn zu schneiden.

Seidentofu
Dies ist eine sehr weiche Tofuart. Man findet sie in Asia- oder Biomärkten. Die weiche Konsistenz liegt zart auf der Zunge.

Shichimi Tōgarashi/Nanami Tōgarashi
Shichimi Togarashi ist eine Sieben-Gewürz-Chilipulver-Mischung. Sie verleiht den Speisen einen etwas scharfen und aromatischen Geschmack. In Japan werden Gerichte oft damit gewürzt. Man kann diese Mischung fertig kaufen oder – wie auf S. 66 beschrieben – selbst machen. Nanami Togarashi ist das gleiche, nur unter anderem Namen.

Inari Age
Die Tofutaschen sind frittiert und danach in einer Marinade eingelegt.

Su
Su ist ein heller Reisessig und in fast allen Asiamärkten und einigen Supermärkten erhältlich. Er ist eine wichtige Grundlage für die Sushi-Zubereitung und viele Dressings.

Nori
Nori sind getrocknete und geröstete Algenblätter. Es gibt sie in vielen verschiedenen Varianten. Einige sind heller, andere dunkler, es gibt sie gewürzt und ungewürzt. Welche Sorte euch am besten schmeckt, solltet ihr einfach ausprobieren. Ihr könnt Nori am günstigsten im Asiamarkt bekommen, aber auch gut sortierte Supermärkte bieten diese inzwischen an.

Geröstetes Sesamöl
Geröstetes Sesamöl hat einen ganz eigenen leckeren Sesamgeschmack – im Gegensatz zu normalem Sesamöl, das geschmacksneutral ist. Daher kann man das geröstete auch nicht durch normales Sesamöl ersetzen. Die Geschmacksnote gibt vielen Gerichten erst authentisches Flair.

RĀMEN

EINES SCHÖNEN NACHMITTAGS
ICH FREUE MICH SCHON RICHTIG AUF DIESE LECKEREI!
WOAH!
JAPAN IST BERÜHMT FÜR SEINE RĀMEN! UND DIESER LADEN IST TOTAL IN.
RAMEN
DAS SIEHT MAN AN DER SCHLANGE!
HM?
OH! DA VORNE GIBT ES EINEN GETRÄNKE-AUTOMATEN!
TA-DAAAA
OH YES!
ÄÄÄH...
ICH HOLE UNS WAS FÜR DIE WARTE-ZEIT.

WARTE MAL
NASHI, WEIßT DU, ES GIBT HIER EIN PAAR REGELN ...
MAN DARF ZUM BEISPIEL IN EINER WARTE-SCHLANGE NICHT DEN PLATZ FÜR JEMANDEN RESERVIEREN.
HE HE
OHA! GUT ZU WISSEN
OH ENDLICH ! WIR SIND DRAN.
YES!
ES IST ÜBLICH, AN DIESER STELLE ZU WARTEN, BIS MAN AN SEINEN PLATZ GEBRACHT WIRD.
TA-DAA
WOOOW
HI
OH NO
STOOOP!
BRABBEL
BRABBEL
WENN MAN ÜBRIGENS MIT VIELEN LEUTEN KOMMT, WIRD MAN EVTL AUFGETEILT.

DA DRÜBEN
KRASS
WÄHREND MAN WARTET, KANN MAN ABER SCHON MAL BESTELLEN.
DAFÜR GIBTS DIESEN AUTO-MATEN.
DA-DAA
食券
DIE VERSCHIEDENEN GERICHTE UND TOPPINGS SIND SO VIEL SCHNELLER BESTELLT.
WENN DU NICHT SICHER BIST, FRAG NACH DER EMPFEHLUNG DES HAUSES, AUCH 'OSUSUME' GENANNT.
KLACK
HM?
DREI MAL BITTE
ÜBRIGENS SIND HIER UNTER DEN STÜHLEN KÖRBE, IN DIE DU DEINE TASCHE LEGEN KANNST.
SO KANN MAN DEN GERINGEN PLATZ IM LADEN OPTIMAL NUTZEN.
PACK
WOW!
DER LADEN IST TOLL. HIER WÜRDE ICH AUCH NUR MAL NE COLA TRINKEN.
PZZZ

HA HA
SHPP
NEE, BUDDY. DIE LÄDEN SIND SO KLEIN, DASS ERWARTET WIRD, DASS DU WAS ZU ESSEN BESTELLST.
SONST NIMMST DU JA JEMANDEM EINEN PLATZ WEG.
AH JA. DAS MACHT SINN!
#
SHPP
ABER DANN MACHE ICH WENIGSTENS FOTOS ZUR ERINNERUNG.
SHPP
NOOO! VOM ESSEN GERN. ABER NICHT VON ANDEREN GÄSTEN.
OH NEIN
WENN DU EIN FOTO VOM CHEFKOCH MÖCHTEST, KANNST DU IHN EINFACH FRAGEN.
GUTEN APPETIT
DA-DAMM
WOW. SO VIELE WÜRZMÖGLICH-KEITEN. ICH WILL ALLE PROBIEREN.
PROBIER LIEBER ERST-MAL. UN-PROBIERT ZU WÜRZEN WÄRE DEM CHEFKOCH GEGENÜBER BELEIDIGEND.
SCHLÜÜRF

LECKEEER
KEUCH
HA HA HA
UAHHH
KURZE ZEIT SPÄTER
BYE BYE
WOW, SO VIELE REGELN UND DAS NUR BEIM RĀMEN-ESSEN.
ABER ES HAT SICH GELOHNT! ICH LIEBE RĀMEN! UND OHNE DIESE TIPPS WÄRE ES PEINLICH GEWORDEN!
JA, SCHEINT, ALS GÄBE ES ECHT 'NE RĀMEN-ETIKETTE
EAT ME
UND ZUM SCHLUSS: DIE SCHALE STELLT MAN AUF DEN TRESEN ZUM CHEF ...
KLONK
... UND DIE TASCHENTÜCHER ENTSORGEN WIR HIER BEIM RAUSGEHEN.
OH DA!
POK
BIS DANN, NASHI!
BIS BALD!
ENDE

RAMEN

Ramen-Nudeln

Ergibt 4 Portionen

500 g Mehl, Typ 1050 (oder jedes andere Mehl mit mindestens 12 g Eiweiß)
1 TL Kaisernatron, gestrichen
1,5 TL Pottasche, gestrichen
2 TL Salz
200 ml Wasser

1. Mehl bereitstellen. Kaisernatron, Pottasche und Salz im Wasser lösen. Wasser mit Mehl mischen und zu einem Teig kneten. Dies braucht etwas Kraft und dauert eine Weile. Der Teig ist sehr trocken und eventuell krümelig. Einfach fest zusammendrücken und gut in Frischhaltefolie wickeln. 24 Stunden in den Kühlschrank legen.

2. Am gleichmäßigsten werden die Ramen-Nudeln, wenn man sie durch den Spaghettiaufsatz einer Nudelmaschine dreht. Wer keine hat, schneidet die Nudeln mit dem Messer. Eine Nudelmaschine wird aber empfohlen. Den Teig in 4 Portionen aufteilen. Jede Portion mit etwas Mehl bestäuben und in der Nudelmaschine mehrfach zu einer dünnen Platte ausrollen. Alternativ verwendet man ein Nudelholz. Dann die Nudelplatte beidseits mit Mehl bestäuben und durch den Spaghettiaufsatz drehen. Die geschnittenen Nudeln nochmals mit etwas Mehl bestäuben, damit sie nicht kleben. Die Nudeln auf ein Brett ausbreiten, so gleiten sie später leicht in den Topf. Man kann sie auch abgedeckt im Kühlschrank bis zum Kochen aufbewahren.

3. Einen Topf mit Wasser zum Kochen bringen. Die vorbereiteten Nudeln ins kochende Wasser schieben, 1 Minute kochen, abgießen und auf die Ramen-Schüsseln aufteilen. Falls vorhanden, kann man die Ramen-Nudeln auch in einem Ramen-Sieb direkt portioniert in den Topf hängen, herausnehmen und in die Ramen-Schüssel füllen. Die Nudeln mit gewünschter Brühe übergießen.

Dashibrühe

Ergibt 1 Liter Brühe

4 g Kombu
1,2 l Wasser
12 g Katsubushi

zusätzlich:

Kaffeefilter, Trichter

1. Kombu mehrmals einschneiden. Wasser und Kombu in einen Topf geben und 15 Minuten quellen lassen. Den Inhalt des Topfes zum Kochen bringen und 8 Minuten köcheln lassen. Den Topf vom Herd nehmen und Katsubushi ins Wasser geben. 5 Minuten ziehen lassen.

2. Kaffeefilter in einen Trichter legen und einen Behälter darunterstellen. Die Brühe filtern und auffangen. Alternativ kann man ein Papierküchentuch auf ein feines Sieb legen. Achtung, dass nichts überläuft! Dashibrühe direkt verwenden oder im Deckelglas bis zu einer Woche im Kühlschrank aufbewahren.

Kaeshi

Grundlage für Nudelsuppe

300 ml Sojasoße
150 ml Mirin
50 ml Sake
50 g Zucker

zusätzlich:

2 hölzerne Schaschlikspieße

1. Alle Zutaten in einem kleinen Topf mischen. Einen Schaschlikspieß eintunken, um die Höhe festzustellen. Die Stelle mit einem Messer leicht einritzen. Den Topfinhalt zum Kochen bringen, auf hoher Hitze köcheln und reduzieren, bis noch die Hälfte der Flüssigkeit da ist. Dieser Vorgang dauert ca. 15 Minuten. Die Zeit variiert nach Topfgröße.

2. Zum Überprüfen den anderen Holzschaschlikspieß eintauchen und vergleichen, ob der Sud auf die Hälfte reduziert ist. In einem Schraubglas im Kühlschrank ist das Kaeshi bis zu 6 Monate haltbar.

ラーメン

かえし Kaeshi
出汁 Dashi
NÄHRWERTE BEACHTEN! DAS MEHL MUSS MINDESTENS 12 GRAMM EIWEISS ENTHALTEN, WEIL DAS REZEPT SONST NICHT GELINGT. DAS EIWEISS BINDET DEN NUDELTEIG.

CHĀSHŪ

Ramen-Fleisch

Portion ergibt ca. 10 Scheiben

- 2 Knoblauchzehen
- 5 cm Ingwer
- 1 kg Schweinebauch am Stück ohne Haut und Knochen
- 1 EL Speiseöl
- 700 ml Wasser
- 400 ml Sojasoße
- 100 ml Mirin
- 200 ml Sake
- 12 EL Zucker

zusätzlich:

Bindfaden für Lebensmittel

1 Knoblauch schälen, Ingwer in Scheiben schneiden. Schweinebauch wie eine Schnecke aufrollen, mit dem Bindfaden umwickeln und so fest verschnüren, dass er seine Form behält. In einem kleinen Topf das Öl erhitzen und das Fleisch von allen Seiten anbraten. Wasser, Sojasoße, Mirin, Sake, Ingwerscheiben, Knoblauchzehen und Zucker hinzugeben. Alles zum Kochen bringen und auf niedriger Hitze 2 Stunden köcheln lassen. Den Braten im Topf ca. alle 30 Minuten wenden.

2 Man kann das Chashu direkt nach dem Kochen verzehren. Besonders lecker schmeckt es aber, wenn es eine Nacht durchgezogen ist und man den Braten im Sud abkühlen lässt. Dazu Braten und Sud in einen Gefrierbeutel füllen und diesen so verschließen, dass fast keine Luft mehr im Beutel ist. Der Braten ist dann komplett vom Sud bedeckt. Über Nacht in den Kühlschrank stellen. Wer keinen Gefrierbeutel hat, kann auch einfach den Topf abgedeckt in den Kühlschrank stellen. Dazu wählt man einen möglichst kleinen Topf, damit der Braten weitmöglichst vom Sud bedeckt ist.

3 Braten am nächsten Tag aus dem Sud nehmen, Fäden abschneiden und entfernen, anschließend Chashu in Scheiben schneiden.

How to: Fleisch aufrollen

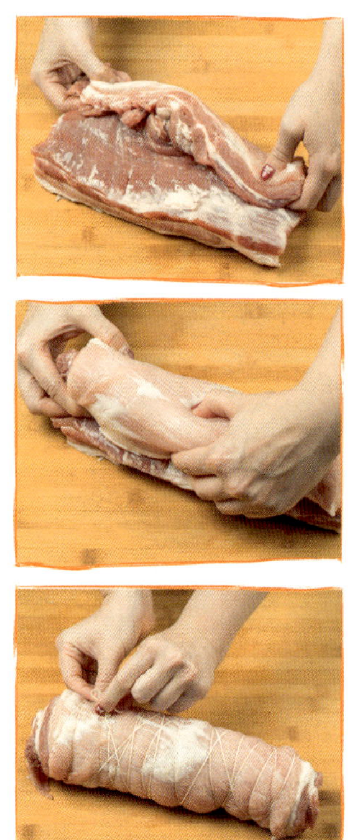

AJITSUKE TAMAGO

Ramen-Eier

Für 4 Portionen

- 2 Eier
- 200 ml Dashibrühe (alternativ 200 ml Wasser + 1 TL Dashipulver, Vegetarier nehmen nur Wasser)
- 2 EL Kaeshi (Rezept S. 18)

außerdem:

Gefrierbeutel

1 Die Eier für 6 Minuten in kochendes Wasser geben, herausholen und in kaltem Wasser abkühlen lassen. Dashi und Kaeshi in einem Gefrierbeutel mischen. Die Eier abpellen und ebenfalls in den Beutel geben. Die Luft aus dem Beutel herausdrücken, sodass die Eier im Sud schwimmen. Mit einem Knoten oder Gummiband den Beutel gut verschließen. Für 1 bis 3 Tage im Kühlschrank lagern. Je länger, desto intensiver ist der Geschmack. Ich empfehle 2 Tage.

チャーシュー

TŌKYŌ RĀMEN

Nudelsuppe auf Sojasoßenbasis

Für 4 Portionen

4 Portionen Ramen-Nudeln (Rezept S. 18) selbst machen oder 4 × 90 g getrocknete Ramen-Nudeln bereitstellen.

Brühe

- 1,1 kg Hähnchenschenkel
- 3 l Wasser
- 1 EL Salz
- 1 l Dashibrühe (Rezept S. 18)

Einlage

- 1 Knoblauchzehe
- 6 EL geröstetes Sesamöl
- 2 EL getrocknete Garnelen
- 16 EL Kaeshi (Rezept S. 18)

Topping

- 4 Scheiben Narutomaki
- 2 Frühlingszwiebeln
- 150 g Spinat, frisch
- 1 Portion Chashu (Rezept S. 20)
- 2 Ramen-Eier (Rezept S. 20)
- 4 Streifen Nori
- 75 g Bambussprossen aus dem Glas

1 **Für die Brühe** Hähnchenschenkel, Wasser und Salz in einen großen Topf geben. Mit hoher Hitze zum Kochen bringen, dann auf mittlere Hitze reduzieren und 2 Stunden köcheln lassen. 1 Liter Brühe aus dem Topf abfüllen. Restliche Brühe beispielsweise für spätere Ramen einfrieren.

2 **Für das Topping** gegebenenfalls Narutomaki auftauen lassen.

3 **Für die Einlage** Knoblauch schälen und hacken. Sesamöl, getrocknete Garnelen und gehackten Knoblauch in einer kleinen Pfanne erhitzen und 1 Minute braten, bis der Knoblauch leicht gebräunt ist. Dann beseite stellen.

4 **Für das Topping** Frühlingszwiebeln waschen und in dünne Ringe schneiden. Spinat waschen und in einer Pfanne ohne Öl kurz anbraten, bis er komplett eingefallen ist. Chashu gegebenenfalls in Scheiben schneiden. Ramen-Eier halbieren.

5 **Zum Anrichten** in jede Ramen-Schüssel 1 EL des Garnelen-Knoblauch-Öls (ohne Garnelen und Knoblauch, nur das reine Öl) und 4 EL Kaeshi geben. 1 Liter Hühnerbrühe und 1 Liter Dashibrühe in einem Topf mischen und erhitzen. Ramen-Nudeln nach Rezept S. 16 oder nach Packungsanleitung in kochendem Wasser gar kochen und abgießen.

6 In jede Schüssel etwas heiße Brühe geben und mit den Einlagen mischen. Ramen-Nudeln auf die Schüsseln verteilen. Mit restlicher Brühe auffüllen, bis die Schüsseln voll sind. In jede Schüssel kommen als Topping $^1/_2$ Ramen-Ei, 2 Scheiben Chashu, 1 Scheibe Narutomaki, 1 Streifen Nori und jeweils ein Teil Bambussprossen, Spinat und Frühlingszwiebelringe. Direkt servieren.

東京ラーメン

TONKOTSU RĀMEN

Nudelsuppe mit kräftiger Schweinebrühe

Für 4 Portionen

4 Portionen Ramen-Nudeln frisch zubereiten (Rezept S. 18) oder 4 × 90 g getrocknete Ramen-Nudeln bereitlegen.

Brühe

2,2 kg Hähnchenflügel (Chicken Wings, natur)

2 kg Schweinepfötchen ohne Zehen

2 kg Schweineknochen

9 l Wasser

2 EL Salz

2 Zwiebeln, geschält

6 Knoblauchzehen, geschält

5 cm Ingwer, in Scheiben geschnitten

außerdem:

1 Topf mit 12 l Fassungsvermögen

Schaumkelle

Einlage

50 g Schweinefett

oder Black Garlic Oil

8 EL Motodare (Rezept rechte Spalte)

Topping

4 Frühlingszwiebeln

2 EL weiße Sesamsamen

8 Scheiben Chashu (Rezept S. 20)

4 TL Beni Shoga

1 **Für die Brühe** Hähnchenflügel, Schweinepfötchen, Schweineknochen, Salz und 5 Liter Wasser in den Topf geben und zum Kochen bringen. Dann auf mittlere Hitze reduzieren und weiter köcheln lassen. In der Phase, bis es richtig kocht, aber auch in den ersten 50 Minuten, während es köchelt, immer wieder Schaum und dunkle Rückstände, die an der Oberfläche schwimmen, mit einer Schaumkelle entfernen. Nach dem Abschöpfen die Schaumkelle jedes Mal mit einem Küchenpapiertuch säubern. Nach den ersten 50 Minuten Zwiebeln, Knoblauchzehen und Ingwer hinzugeben und den Topf samt Inhalt weitere 3 Stunden auf mittlerer Hitze köcheln lassen. Nach dieser Zeit weitere 2 Liter Wasser in den Topf füllen, erneut zum Kochen bringen und nochmals 2 Stunden bei mittlerer Hitze köcheln lassen. Während dieser Zeit können sehr gut Motodare und das Black Garlic Oil vorbereitet werden. Dann erneut 2 Liter Wasser hinzugeben und die letzten 2 Stunden köcheln lassen. Den Topfinhalt durch ein Sieb abgießen und die Brühe auffangen.

2 **Für das Topping** Frühlingszwiebeln waschen und in dünne Scheiben schneiden. Die Sesamsamen in einer Pfanne ohne Fett rösten, bis sie knistern. Dann beiseitestellen.

3 **Für die Einlage** 50 g Schweinefett würfeln und in einem kleinen Topf bei mittlerer Hitze schmelzen.

4 Nudeln nach Packungsangabe oder bei frischen Ramen nach Rezept auf S. 18 in kochendem Wasser gar kochen.

5 **Zum Anrichten** jede Ramen-Schüssel mit 2 EL Motodare, 1 EL geschmolzenem Schweinefett und Brühe (ggf. nochmals erwärmen) füllen. Die Nudeln in die Brühe geben. Mit Chashu, Frühlingszwiebelringen, Beni Shoga und gerösteten Sesamsamen belegen. Nach Belieben mit $^{1}/_{2}$ bis 1 TL Black Garlic Oil verfeinern.

Motodare

500 ml Wasser

25 g Shiitake-Pilze, getrocknet

7 g Kombu

1 EL Salz

Wasser, Shiitake und Kombu in einen kleinen Topf geben und 10 Minuten quellen lassen. Salz hinzugeben und zum Kochen bringen. So lange auf hoher Hitze kochen, bis nur noch ca. ein Drittel der Flüssigkeit im Topf ist. Optimal sind 100 bis 150 ml Flüssigkeit. Zum Würzen von Ramen verwenden.

Black Garlic Oil

50 g Knoblauchzehen

100 g Schweinefett

Knoblauch schälen und hacken. Schweinefett in Würfel schneiden und in einem kleinen Topf bei niedriger Hitze schmelzen. Den gehackten Knoblauch hinzugeben und bei niedriger Hitze im Fett rösten, bis er schwarz wird. Am Ende geht es sehr schnell, dann vom Herd nehmen und in einem Mixer so lange pürieren, bis keine Stücke mehr zu sehen sind. Direkt als Öl auf die Ramen geben. Verfestigt sich das Black Garlic Oil bei Raumtemperatur wieder, dann einfach erneut etwas erwärmen. Kann im Kühlschrank bis zu 4 Tage aufgehoben werden.

豚骨ラーメン

KAKUNI RĀMEN

Würzige Nudelsuppe mit Schweinebauch

Für 4 Portionen

1 Portion Ramen-Nudeln (Rezept S. 18) selbst machen oder 4 × 90 g getrocknete Ramen-Nudeln verwenden.

Ramen-Brühe

600 g Bauchfleisch in Scheiben
2 l Wasser
4 cm Ingwer
1 Zwiebel
1 TL Salz
1 l Dashibrühe

Kakuni (Ei- & Fleischtopping)

2 Eier
Bauchscheiben vom Kochen der Brühe (siehe oben)
400 ml Dashibrühe oder 400 ml Wasser und 5 g Instant-Dashipulver
100 ml Sake
3 EL Sojasoße
3 EL Zucker
4 EL Mirin

Einlage

2 Knoblauchzehen
16 EL Kaeshi (Rezept S. 18)

Topping

2 Frühlingszwiebeln
75 g Bambussprossen aus dem Glas
4 Scheiben Narutomaki

1. **Für die Ramen-Brühe** das Bauchfleisch zusammen mit 2 Liter Wasser in einen Topf geben. Den Ingwer in dicke Scheiben schneiden. Die Zwiebel schälen und vierteln. Ingwer, Zwiebeln und Salz in den Topf geben und alles zum Kochen bringen. Dann auf niedriger Stufe 2 Stunden köcheln lassen.

2. Das Fleisch vorsichtig aus der Brühe heben, auf einem Brett in Stücke schneiden. Eine Bauchscheibe wird am besten dreigeteilt. Alles in einen kleinen Topf legen. 1 Liter von der Kakuni-Brühe, in der das Fleisch gekocht wurde, aufbewahren, abdecken und über Nacht in den Kühlschrank stellen.

3. **Für das Topping** Eier in kochendem Wasser 6 Minuten kochen und dann abpellen.

4. Nach dem Schneiden des Fleischs die Stücke im neu angesetzten Topf zu 400 ml Dashibrühe, Sake, Sojasoße, Zucker und Mirin geben. Alles aufkochen und dann bei niedriger Hitze 1 Stunde köcheln lassen. Danach das Fleisch im Sud komplett abkühlen lassen. Die gepellten Eier in den Sud geben. Den Topf gut abdecken und im Kühlschrank ebenfalls über Nacht durchziehen lassen.

5. Am nächsten Tag Frühlingszwiebeln für das Topping waschen und in dünne Ringe schneiden. Die Eier aus dem Sud fischen und halbieren. Knoblauchzehen für die Einlage schälen.

6. **Zum Anrichten** in jede Ramen-Schüssel 4 EL Kaeshi geben und $^{1}/_{2}$ Knoblauchzehe reiben. Währenddessen 1 Liter Dashibrühe und 1 Liter Kakuni-Brühe in einem Topf mischen und erhitzen.

7. Die Nudeln nach Rezept auf S. 18 (bei frischen Nudeln) oder nach Packungsanleitung gar kochen. Den Inhalt der Ramen-Schüsseln mit 2 Kellen warmer Brühe mischen und umrühren. Die gekochten Nudeln abgießen und sofort auf die Schüsseln aufteilen. Mit restlicher Brühe die Schalen auffüllen. Jede Nudelsuppe mit Kakuni-Fleisch, einer Eierhälfte, Frühlingszwiebelringen, 1 Scheibe Narutomaki und Bambussprossen ergänzen.

角煮ラーメン

TANTANMEN

Würziges Chili-Ramen mit Hackfleisch

Für 4 Portionen

4 Portionen frische Ramen-Nudeln (Rezept S. 18) vorbereiten oder 4 × 90 g getrocknete Ramen-Nudeln verwenden

Hühnerbrühe

1,1 kg Hähnchenschenkel
1 EL Salz
4 l Wasser

Einlagen

2 EL weiße Sesamsamen
4 TL Chiliöl
4 EL Tahini
12 EL Kaeshi (Rezept S. 18)
8 TL Hot Bean Sauce (Saubohnensoße oder Sojabohnen mit Chili)

Topping

2 Knoblauchzehen
2 EL geröstetes Sesamöl
500 g Schweinehackfleisch
1 TL Shichimi Togarashi (Rezept S. 66)
250 g Pak Choi
100 g Mungobohnensprossen
1 Knoblauchzehe
1 EL geröstetes Sesamöl
2 TL Sojasoße
Prise Pfeffer
2 Ramen-Eier (Rezept S. 20)

1. **Für die Brühe** Hähnchenschenkel, Salz und Wasser in einen Topf geben. Das Wasser im Topf zum Kochen bringen. Sobald es kocht, die Temperatur auf mittlere Hitze stellen und die Brühe 2 Stunden köcheln lassen. Danach die Schenkel aus der Brühe nehmen und die Hühnerbrühe warm stellen.

2. **Für die Einlage** die Sesamsamen in einer Pfanne ohne Fett rösten, bis sie anfangen zu knistern, dann direkt vom Herd nehmen und beiseitestellen.

3. **Fürs Topping** 2 Knoblauchzehen schälen und hacken. 2 EL Sesamöl in die Pfanne geben und erhitzen. Gehackten Knoblauch und Hackfleisch in die Pfanne geben und braten, bis das Hackfleisch knusprig ist. Mit 1 TL Shichimi Togarashi würzen und alles gut mischen. Hackfleisch beiseite stellen.

4. Pak Choi und Mungobohnensprossen waschen. Den Pak Choi in Streifen schneiden. Eine weitere Knoblauchzehe schälen und in Scheiben schneiden. 1 EL Sesamöl in eine Pfanne geben. Die Mungobohnensprossen darin leicht dünsten und herausnehmen. Den Pak Choi zusammen mit der Sojasoße, Pfeffer und Knoblauchscheiben in die Pfanne geben. Braten, bis die weißen Stellen des Pak Choi leicht glasig werden.

5. **Zum Anrichten** Einlagen verteilen, d. h. in jede Ramen-Schüssel $^{1}/_{2}$ EL der vorher gerösteten Sesamsamen, 1 TL Chiliöl, 1 EL Tahini, 3 EL Kaeshi und 2 TL Hot Bean Sauce geben.

6. Die Ramen-Nudeln nach Packungsanleitung oder nach Rezept auf S. 18 in heißem Wasser zubereiten. Die Hühnerbrühe gegebenenfalls wieder erhitzen. Etwas heiße Hühnerbrühe in die Ramen-Schüsseln geben und mit den Einlagen mischen. Die Nudeln in die Schüsseln geben und mit restlicher Brühe auffüllen.

7. Die Toppings auf die Nudelsuppen legen. Jede Schale bekommt etwas Chili-Hackfleisch, Pak Choi, Mungobohnensprossen und ein halbes Ramen-Ei. Sofort servieren.

担々麺

MISO RĀMEN

Aromatisch-vegetarische Nudelsuppe

Für 4 Portionen
4 Portionen frische Ramen-Nudeln (Rezept S. 18) oder 4 × 90 g getrocknete Ramen-Nudeln verwenden

Brühe
4 l Wasser
10 g Kombu
3 Karotten
2 Knoblauchzehen
2 Porree
1 Zwiebel
800 g geschälten Knollensellerie
2 cm Ingwer
1 EL geröstetes Sesamöl
1 EL getrockneten Wakame
50 g Shiitake-Pilze, getrocknet
1 EL Salz
4 Pfefferkörner

Einlage
4 gehäufte TL Shiro Miso
4 EL Mirin
4 TL weiße Sesamsamen
außerdem:
4 EL Kaeshi (Rezept S. 18)

Ramen-Öl
6 EL geröstetes Sesamöl
1 Knoblauchzehe, geschält, gerieben
1 TL Ingwer, gerieben

Topping
4 Frühlingszwiebeln
2 Ramen-Eier (Veggie-Variante)
50 g Butter
150 g Spinat, frisch
100 g Mungobohnensprossen, frisch
8 Scheiben Lotuswurzeln
1 Knoblauchzehe
2 TL Sojasoße
1 TL Mirin
50 g Mehl
4 EL Maiskörner

1. Die Ramen-Nudeln nach Rezept auf Seite 18 vorbereiten oder getrocknete Nudeln bereitlegen.

2. **Für die Brühe** das Wasser in einen großen Topf geben. Kombu hineinlegen, 15 Minuten quellen lassen. In der Zwischenzeit das Gemüse vorbereiten: Karotten und Knoblauch schälen, Porree waschen. Zwiebel mit Schale halbieren, geschälten Sellerie, Karotten und Porree in grobe Stücke, Knoblauch und Ingwer in Scheiben schneiden. Topf mit Wasser und gequollenem Kombu zum Kochen bringen, 8 Minuten kochen. Dann Kombu herausfischen.

3. In einem zweiten großen Topf Sesamöl erhitzen. Knollensellerie, Karotten, Zwiebel (mit Schale) und Porree in den Topf geben, gut anbraten. Es sollen braune Röststellen entstehen, die später der Suppe Röstaromen verleihen. Hat das Gemüse rundum Farbe bekommen, Kombubrühe in den Topf gießen. Wakame, Shiitake, Knoblauch, Ingwer, Salz und Pfefferkörner hinzugeben; alles zum Kochen bringen. Danach Hitze reduzieren und 2 Stunden köcheln lassen. Dann die Brühe durch ein feines Sieb gießen und auffangen. Nach der Kochzeit sollten noch ca. 2 Liter Brühe im Topf sein.

4. **Fürs Ramen-Öl** Sesamöl mit geriebenem Knoblauch und Ingwer in einer kleinen Pfanne erhitzen. Ca. 2 Minuten auf mittlerer Hitze anbraten, dann beiseitestellen.

5. **Für die Einlage** Misopaste mit Mirin mischen, bis sich die Misopaste aufgelöst hat. Gemisch auf 4 Ramen-Schüsseln verteilen. Sesamsamen ohne Öl in einer Pfanne rösten, bis sie knistern. Dann vom Herd nehmen.

6. Jeweils 1 TL Knobi-Ingwer-Öl, 1 TL geröstete Sesamsamen und 1 EL Kaeshi auf Schüsseln verteilen.

7. **Fürs Topping** Frühlingszwiebeln waschen, in feine Ringe schneiden. Ramen-Eier auf Zimmertemperatur erwärmen lassen. Butter dritteln. Gewaschenen Spinat in einem Teil Butter anbraten, bis er zusammenfällt. Mungobohnensprossen in Butter braten, bis sie leicht glasig sind. Für die Lotuswurzeln geriebenen Knoblauch mit Sojasoße und Mirin mischen. Jede Scheibe kurz in der Marinade, dann im Mehl wenden. In Butter braten, bis sie beidseitig knusprig sind. Ramen-Eier halbieren.

8. **Zum Anrichten** Nudeln zubereiten, ggf. Ramen-Brühe aufwärmen. Einlagen in den Schüsseln mit 1 Kelle Brühe mischen, gekochte Ramen-Nudeln in die Schüssel geben, mit Brühe auffüllen. Vorbereitete Toppings auf den Nudeln anrichten. Sofort servieren.

味噌ラーメン

HAUPTGERICHTE

IN EINER FOOD-MEILE
LASS UNS HEUTE DOCH MAL NEUE FOOD-LÄDEN AUS-PROBIEREN!
JA, AUF JEDEN FALL!
HMM..
ABER WO?
FUHUU
yo yo Gasse
WOW...
SCHAU MAL, DA?
TA-TAAA
BRABBEL
BRABBEL
OH WOW! EIN KOSTÜM-EVENT.

BOAH
SCHAU DIR DIESE GANZEN TOLLEN KOSTÜME AN.
DAS SIEHT JA RICHTIG ECHT AUS!
MAMPF
HMMMM
DAISUKE, LASS UNS DA MITMACHEN UND HEUTE HIER ESSEN!
SLURP
KRITZEL
DASCH ISCHT JA DER HAMMER! SCHO LECKER !
JUBEL JUBEL

DAS WAR EIN RICHTIG SCHÖNER ABEND!
JA!
SAG MAL, WAS WAREN DAS DENN FÜR KOMISCHE YOKAI*?
ICH GLAUBE, DIE NENNT MAN MENSCHEN ...
*JAPANISCHE MONSTER
... DIE WAREN SEHR NETT.
EINIGE TAGE SPÄTER.
WOLLEN WIR NOCHMAL IN DIE GASSE VON NEULICH GEHEN?
JA! DIE IST GLEICH HIER UM DIE ECKE.
HÄ, KOMISCH! ICH WAR MIR SICHER, DASS ES HIER WAR ...
VIELLEICHT WAR ES EINE ECKE WEITER?
Fuuuhuuu
Wechsel-gasse
ÄÄHH...
ENDE

KARÉ

Japanischer Currywürfel selbst gemacht!

Für einen Würfel

2 EL Honig
2 EL Sojasoße
1 EL Tomatenmark
je 1 TL gemahlen: Kurkuma, Kardamom, Koriander, Pfeffer, Zimt, Salz und Kreuzkümmel (Cumin)
2 TL Zucker
2 TL Rinderbrühpulver
je 1 TL Ingwerpulver, Knoblauchpulver
2 TL Zwiebelpulver, granuliert
¼ TL Chilipulver oder Shichimi Togarashi (S. 66)
5 g Instant-Dashipulver
1 Lorbeerblatt
40 g Butter
3 EL Weizenmehl

außerdem:

1 kleine Silikonform

1. Honig, Sojasoße und Tomatenmark in einer kleinen Schale verrühren.
2. Kurkuma, Kardamom, Koriander, Pfeffer, Zimt, Salz, Kreuzkümmel, Zucker, Rinderbrühpulver, Ingwerpulver, Knoblauchpulver, Zwiebelpulver, Chilipulver, Instant-Dashipulver und Lorbeerblatt und in einer weiteren Schüssel mischen.
3. Butter in einer Pfanne schmelzen. Bei niedriger Hitze die Gewürzmischung in die Butter geben und kurz rühren. Dann den Honig-Sojasoßen-Mix ebenfalls hinzugeben und alles gut miteinander vermischen.
4. Nun das Weizenmehl in die Pfanne geben und so lange rühren, bis eine einheitliche Mischung entstanden ist. Es dürfen keine Klümpchen mehr zu sehen sein! Es entsteht eine Art Brei. Diesen mit dem Pfannenwender in die Silikonform drücken und im Kühlschrank abkühlen lassen.
5. Sobald der Currywürfel fest ist, kann er in einer Dose im Kühlschrank aufbewahrt werden. Er hält sich ca. 4 Wochen und steht jederzeit für schnellen, selbst gemachten Curryreis bereit.

KARÉ RAISU

Japanischer Curryreis

Für 4 Portionen

6 Kartoffeln
2 Karotten
1 Zwiebel
600 g Sliced Beef (ersatzweise Rinderminutensteaks oder Rinderrouladenfleisch)
900 ml Wasser
1 Currywürfel

1. Kartoffeln, Karotten und Zwiebel schälen. Rinderminutensteaks in mundgerechte Stücke, Kartoffeln in Würfel, Karotten in Scheiben und Zwiebel in Viertel schneiden.
2. Wasser, Fleisch und Gemüse in einen Topf geben, zum Kochen bringen und ca. 20 Minuten kochen lassen.
3. Den Currywürfel hinzugeben und weitere 10 Minuten köcheln lassen. Dabei öfter umrühren, damit sich der Würfel gut auflösen kann. Das Curry auf Reis (Rezept S. 58) servieren. Im Bild haben wir noch Beni Shoga als Topping verwendet.

カレー

LÄSST MAN DAS CURRY EINE NACHT DURCHZIEHEN, SCHMECKT ES NOCH BESSER!

KITSUNE UDON

Nudelsuppe des Fuchses

Für 2 Portionen

2 Frühlingszwiebeln
4 Scheiben Kamaboko
1 l Dashibrühe, alternativ 1 l Wasser + 5 g Instant-Dashipulver
3 EL Sake
100 ml Sojasoße
3 EL Mirin
1 EL Zucker
2 Packungen vorgekochte Udon-Nudeln à 200 g
4 Scheiben Inari Age
Shichimi Tōgarashi (Rezept S. 66)

1 Die Frühlingszwiebeln in dünne Ringe schneiden. Wer tiefgekühlten Kamaboko verwendet, gibt die Scheiben ca. 1 Minute in kochendes Wasser.

2 In einem Topf Dashibrühe, Sake, Sojasoße, Mirin und Zucker geben und unter Rühren zum Kochen bringen.

3 Die Udon-Nudeln in die Brühe geben und nach Packungsanleitung 3 Minuten darin garen.

4 Udon und Brühe auf 2 Schüsseln verteilen. Mit Frühlingszwiebelringen, Inari Age und Kamaboko garnieren. Nach Belieben mit Shichimi Togarashi würzen.

WER KEINE VORGEKOCHTEN UDON FINDET, KANN NATÜRLICH AUCH GETROCKNETE UDON-NUDELN VERWENDEN. DIESE NACH PACKUNGSANLEITUNG KOCHEN UND DANN DIREKT MIT DER HEISSEN UDON-BRÜHE IN DIE SCHÜSSELN GEBEN.

WAFŪ-DORESSHINGU

Salatdressing

Für 1 Schüssel Blattsalat

1 TL weiße Sesamsamen
1 cm Ingwer
3 EL Rapsöl
2 TL Sojasoße
1 EL Su
2 EL Mirin

1 Die Sesamsamen in der Pfanne ohne Öl rösten, bis sie anfangen zu knacken. Dann direkt vom Herd nehmen. Ingwer schälen und fein reiben.

2 Geriebenen Ingwer, Öl, Sojasoße, Su und Mirin in einer Schüssel so lange schnell mischen, bis die Flüssigkeit etwas trüb geworden ist. Geröstete Sesamsamen dazugeben und nochmals umrühren. Über den Salat geben.

きつねうどん

HANBĀGU

Hamburgersteak mit Demi-Soße

Für 4 Portionen

500 g Rinderhackfleisch
250 g Seidentofu
1 Ei
1 EL Sojasoße
6 EL Panko
Salz und Pfeffer
3 EL Speiseöl

Soße

400 ml Rotwein oder Traubensaft für die alkoholfreie Variante
4 EL Tomatenketchup
2 EL Sojasoße
2 EL Honig

1 **Für die Hamburger** Hackfleisch, Seidentofu, Ei, Sojasoße, Panko, Salz und Pfeffer in eine Schüssel geben und zu einem glatten Teig verkneten. Darauf achten, dass keine größeren Tofuklümpchen im Teig sind. Aus dem Hackgemisch 4 gleich große Burgersteaks formen.

2 **Für die Soße** in einer kleinen Schüssel Rotwein, Ketchup, Sojasoße und Honig miteinander mischen, bis sich der Honig aufgelöst hat.

3 In einer beschichteten, großen Pfanne auf mittlerer Hitze das Öl erhitzen. Burgersteaks in die Pfanne geben und von beiden Seiten gar braten. Dabei mehrmals wenden.

4 Sobald die Frikadellen gar sind, auf den Tellern anrichten. In die heiße, ungereinigte Pfanne die Rotweinmischung direkt hineingeben und auf hoher Hitze köcheln lassen, dabei mehrmals umrühren. Die Flüssigkeit sollte so lange kochen, bis Dreiviertel des Volumens verdampft und die Soße dickflüssiger geworden ist. Sie ist fertig, wenn man sie von der Herdplatte nimmt, mit dem Pfannenwender quer über den Pfannenboden fährt und sich der entstehende Streifen in der Soße nicht mehr ganz schließt. Die Soße über die Burgersteaks geben.

5 Mit Reis servieren. Als Beilage passen gedünstete Karotten, Brokkoli, Mais und Kartoffelspalten.

KABOCHA NO MISO SALADA

Kürbis-Miso-Salat

Für 4 Portionen

500 g Hokkaido-Kürbis
1 EL Zucker
1 TL Salz
3 EL Erbsen, tiefgekühlt
2 EL Mirin
1 TL geröstetes Sesamöl
1 gehäufter EL Shiro-Misopaste
1 TL Zucker

1 Den Kürbis waschen, entkernen und in Stücke schneiden. Samt Schale in einen Topf geben, mit Wasser bedecken, 1 EL Zucker und 1 TL Salz hinzugeben und das Wasser zum Kochen bringen. So lange kochen, bis das Kürbisfleisch schön weich ist und sich mit einer Gabel zerdrücken lässt. Das Wasser abgießen.

2 Das Kürbisfleisch mit einer Gabel oder einem Kartoffelstampfer zu Mus verarbeiten. Die Erbsen für 10 Minuten in siedendem Wasser garen. Das Mus mit Mirin, Sesamöl, Misopaste, Zucker und gekochten Erbsen mischen. Als Beilage servieren.

ハンバーグ

KATSUDON

Japanisches Schweineschnitzel im Eiermantel

Für 2 Portionen
300 g Reis
2 Tonkatsu (panierte Schweineschnitzel) vom Vortag

Für frische Schnitzel
2 frische Schweineschnitzel
1 Ei
60 g Panko
etwas Mehl
400 ml Pflanzenöl

Für den Eiermantel
2 kleine Zwiebeln
200 ml Dashibrühe
2 EL Zucker
4 EL Sojasoße
4 EL Mirin
4 EL Sake
4 Eier

Optional
60 g Tiefkühl-Erbsen

1. Den Reis nach Anleitung auf S. 58 kochen und warmhalten.
2. **Für den Eiermantel** Zwiebeln schälen, halbieren und in Ringe schneiden.
3. **Für die Panade** – diese braucht man nur für frische Schweineschnitzel – das Ei in einer flachen Schüssel mit einer Gabel verquirlen. In eine weitere Schüssel das Panko und auf einen Teller das Mehl geben.
4. Die Pfanne mit dem Öl auf mittlerer Hitze heiß werden lassen. Die Schnitzel erst im Mehl wenden, im Ei baden und dann von beiden Seiten ins Panko drücken. Anschließend direkt ins heiße Öl geben und so lange frittieren, bis das Panko goldgelb ist. Schnitzel aus dem Fett nehmen und auf einem Teller mit Küchenpapier abtropfen lassen.
5. Die Tonkatsu mit einem Messer in Streifen schneiden.
6. Pro Katsudon verwendet man am besten jeweils eine Pfanne. Wer alles in einer Pfanne zubereitet, muss die angegebenen Zutaten verdoppeln: Die Halbringe einer Zwiebel in die Pfanne geben, 100 ml Dashibrühe, 1 EL Zucker, 2 EL Sojasoße, 2 EL Mirin und 2 EL Sake hinzugießen. So lange dünsten, bis die Zwiebeln glasig sind.
7. In der Zwischenzeit 2 Eier verquirlen. Die glasigen Zwiebeln etwas an den Rand schieben und das Tonkatsu in die Mitte der Pfanne legen. Das verquirlte Ei um das Tonkatsu herum in die Pfanne geben. Optional jetzt die Erbsen auf das Ei geben. Alles bei niedriger bis mittlerer Temperatur so lange stocken lassen, bis die Eimasse fest geworden ist.
8. Das Katsudon aus der Pfanne auf die Schüssel mit Reis gleiten lassen.

カツ丼

MISO WAFŪ PASUTA

Hühnchenpasta in cremiger Miso-Sahnesoße

Für 4 Portionen
150 g frischer Spinat
1 kleine Zwiebel
600 g Hähnchenbrustfilet
150 g frische Shimeji-Pilze
2 Frühlingszwiebeln
500 g Spaghetti
2 EL Butter
2 EL weiße Sesamsamen
3 EL Sake
200 g Sahne
2 EL Shiro-Misopaste

1. Den Spinat gründlich waschen. Zwiebel schälen und in Würfel, Hähnchenbrustfilet in mundgerechte Stücke schneiden. Shimeji-Pilze putzen, Wurzel abschneiden und vereinzeln. Frühlingszwiebeln waschen und in dünne Ringe schneiden.
2. Die Spaghetti in einem Topf nach Packungsanleitung zubereiten.
3. Währenddessen Butter in einer großen Pfanne erhitzen und bei mittlerer Hitze Hähnchenbrustfiletstücke, Zwiebelwürfel und Sesamsamen darin anbraten. Sobald das Fleisch angebraten ist, Sake, Sahne und Shiro Miso hinzugeben. Öfter umrühren, bis sich die Misopaste gelöst hat. Dann Spinat und Shimeji-Pilze in die Pfanne geben und alles köcheln lassen, bis die Spinatblätter etwas eingefallen sind und sich gut in die Soße einrühren lassen. Auf kleiner Flamme köcheln lassen.
4. Die Spaghetti gut abtropfen lassen. Die Nudeln mit in die Pfanne geben und gut mit der Soße vermischen. Dazu mehrmals vorsichtig umrühren und unterheben.
5. Das Nudelgericht auf Tellern oder in Schalen anrichten und mit den frischen Frühlingszwiebelringen bestreuen.

YUZU-TOFU

Tofu mit Yuzu-Marinade

Für 4 Portionen
200 g Seidentofu
100 g Baby Pak Choi
2 EL Yuzu-Sirup (Rezept S.94)
2 TL Sojasoße

1. Den Seidentofu 20 Minuten abtropfen lassen. Währenddessen den Pak Choi waschen und in kleine Stücke schneiden. In einer Pfanne mit 2 EL Wasser kurz dünsten, bis er etwas zusammengefallen ist.
2. Yuzu-Sirup und Sojasoße mischen. Den Seidentofu in 4 Stücke schneiden.
3. Jeden Tofu mit Pak Choi belegen und mit Yuzu-Sojasoße beträufeln.

味噌和風パスタ

FURAIDO CHIKIN MANJU

Gefüllte Teigtaschen mit Hühnchen

Für 8 Teigtaschen
450 g Mehl, Typ 550
7 g Trockenhefe
1 TL Backpulver
1 gehäufter TL Zucker
1 Prise Salz
270 ml lauwarmes Wasser
geröstetes Sesamöl

außerdem:
Dampfgarer oder Bambusdämpfer
Backpapier

Für die Crispy-Chicken-Füllung
300 g Hähnchenbrustfilet
1 Ei
2 EL Mehl
2 EL Stärke
2 EL Zucker
5 g Dashipulver
2 EL Sojasoße
1 EL Mirin
8 EL Mayonnaise
2 TL Chilisoße (z. B. Sriracha)
Pflanzenöl (z. B. Sonnenblumen- oder Rapsöl)
8 Blatt Salat

zusätzlich:
Backpapier

1. **Für die Taschen** Mehl, Trockenhefe, Backpulver, Zucker und Salz in einer Schüssel mischen. Das lauwarme Wasser hinzugeben und alles mit der Hand oder einem Handmixer zu einem glatten Teig ohne Klümpchen kneten. Dies dauert zumeist 1 bis 2 Minuten. Den Teig mit einem sauberen Handtuch abdecken und an einem dunklen, warmen Ort (z. B. unter einer Decke) 60 Minuten gehen lassen. Diese Zeit eignet sich super, um die Füllung zuzubereiten.

2. **Für die Füllung** das Hähnchen in Scheiben schneiden. In einer Schüssel Hähnchenstücke, Ei, Mehl, Stärke, Zucker, Dashipulver, Sojasoße und Mirin mischen und abgedeckt 30 Minuten im Kühlschrank ziehen lassen. Währenddessen Mayonnaise und Chilisoße mischen.

3. In eine kleine Pfanne so viel Speiseöl geben, dass dieses etwa 1 Zentimeter hoch in der Pfanne steht und heiß werden lassen. Die Hähnchenstücke nach und nach ins heiße Fett geben und backen, bis sie goldbraun sind. Dies dauert ca. 10 Minuten. Die Nuggets aus der Pfanne nehmen und auf einem Teller mit Küchenpapier abtropfen lassen.

4. **Zur Zubereitung der Taschen** ein Stück Backpapier auf die Arbeitsfläche legen, da diese sonst ölig wird. Ein weiteres Stück Backpapier in 8 Quadrate zuschneiden. Den Teig noch einmal durchkneten und in 8 Portionen aufteilen. Nacheinander die Teigportionen erst mit einem Nudelholz zu einem Fladen ausrollen und dann von beiden Seiten mit dem Sesamöl einpinseln. Den eingeölten Teig dann in der Mitte umklappen, sodass Taschen entstehen. Das Öl sorgt dafür, dass sich diese nach dem Dämpfen wieder zum Füllen öffnen lassen.

5. Den Dampfgarer vorbereiten oder einen Topf, auf den der Bambusdämpfer perfekt passt, mit Wasser zum Kochen bringen. Die Teigtaschen auf jeweils eines der Backpapierquadrate legen und in den Dämpfer geben. Achtung, sie dürfen nicht zu dicht aneinanderliegen. Die Taschen für 12 Minuten dämpfen, herausnehmen und mit Chili-Mayo, Crispy Chicken und Salat füllen.

フライドチキン饅頭

DAIKON TO HIKINIKU NO SOBORO ANKAKE

Saftige Hackfleischschale mit Rettich

Für 4 Portionen
600 g Reis
1 Knoblauchzehe
2 cm Ingwer
250 g Rettich
400 g Rinderhackfleisch
2 EL geröstetes Sesamöl
250 ml Wasser
100 g Tiefkühl-Erbsen
3 EL Sake
3 EL Sojasoße
1 EL Zucker
1 EL Austernsoße
2 gehäufte TL Speisestärke

1. Den Reis nach Anleitung auf S. 58 zubereiten und warm halten.
2. Knoblauch und Ingwer schälen und hacken. Den Rettich ebenfalls schälen. Dazu diesen einmal längs aufschneiden. Am äußeren Rand ist ein Ring zu sehen. Dieser sollte komplett abgeschält werden, da er holzig sein kann nach dem Kochen. Nach dem Schälen den Rettich erst in Scheiben und dann in Stücke schneiden.
3. In einem Topf das Hackfleisch mit Knoblauch und Ingwer im Sesamöl anbraten. Wasser, Rettichstücke, Erbsen, Sake, Sojasoße, Zucker und Austernsoße hinzugeben und alles zum Kochen bringen. Dann Hitze reduzieren und 20 Minuten köcheln lassen.
4. Speisestärke in einer kleinen Schüssel mit 3 TL Wasser mischen. Das Stärkewasser unter den kochenden Sud des Topfes rühren. Die Soße dickt dadurch ein.
5. Reis auf 4 Schüsseln verteilen und mit dem Gemüse-Hackfleisch toppen.

KYŪRI NO SHŌGA AE

Japanischer Gurkensalat

Für 4 Portionen
6 Snackgurken
$\frac{1}{2}$ TL Zucker
1 EL Su
1 EL Sojasoße
2 EL geröstetes Sesamöl
$\frac{1}{2}$ TL Ingwer, gerieben

1. Die Gurken waschen und in Stücke schneiden. Zucker, Su, Sojasoße, Sesamöl und geriebenen Ingwer in einer Schüssel gut mischen und mit einem Löffel verrühren.
2. Die Gurkenstücke hineingeben und alles nochmals gut umrühren. Entweder direkt verzehren oder abgedeckt in den Kühlschrank stellen. Eignet sich auch super für ein Bento.

大根とひき肉のそぼろあんかけ

TARA NO MISO CHĪZU PANKOYAKI

Kabeljau im knusprigen Käse-Miso-Mantel

Für 4 Portionen

- 1 gestrichener EL Aka-Misopaste (rote Misopaste)
- 3 EL Sake
- 1 EL Zucker
- 2 EL Mirin
- 1 EL weiße Sesamsamen
- 150 g Frischkäse
- 1 TL Shichimi Togarashi (S. 66)
- 100 g Gouda, geraspelt
- 1 cm breites Stück Ingwer
- 4 Kabeljau-Filetspitzen (ca. 100 g pro Stück)
- 40 g Panko

außerdem:

- Backpapier

1. Misopaste in einer kleinen Schale mit Sake, Zucker und Mirin mischen, bis die ganze Masse vollkommen glatt und klümpchenfrei ist. Sesamsamen hinzufügen und nochmals verrühren.
2. In eine weitere Schüssel Frischkäse, Shichimi Togarashi und Gouda geben. Ingwer schälen und in die Schüssel fein reiben. Miso-Mix hinzugeben und alles kurz verrühren.
3. Den Backofen auf 200 °C Ober- und Unterhitze vorheizen. Kabeljau-Filetspitzen auf ein mit Backpapier belegtes Backblech legen. Die Käse-Miso-Mischung auf den Filets verteilen und dann mit Panko bestreuen.
4. Das Blech auf mittlerer Höhe in den Backofen schieben und für 15 Minuten backen. Aus dem Ofen nehmen und sofort servieren.

SHIROAE

Frischer Sesam-Tofu-Salat

Für 4 Portionen

- 300 g Tofu (Abtropfgewicht)
- 1 Snackgurke
- 1 TL Salz
- 1 Karotte
- 2 EL Mais
- 2 EL Tahini
- 2 TL Zucker
- 2 TL Sojasoße

1. Den Tofu nach dem Abtropfen in ein Stück Küchenpapier wickeln und einen schweren Teller daraufstellen. Die Gurke waschen und in dünne Scheiben schneiden. Mit Salz bestreuen. Beides 30 Minuten stehen lassen.
2. In der Zwischenzeit die Karotte schälen und in kleine Würfel schneiden. Die Würfel in eine mikrowellenfeste Schale füllen und gut mit mikrowellengeeigneter Frischhaltefolie abdecken. 2 Minuten bei 600 Watt in der Mikrowelle garen. Alternativ kann man sie auch im Topf in wenig Wasser garen.
3. Die Gurkenscheiben ausdrücken, den Tofu zwischen den Händen zerbröseln. Tofubrösel, Gurkenscheiben, Karottenwürfel und Mais in einer Schale mischen. Tahini und Zucker dazugeben, gut mischen. Zuletzt die Sojasoße unterrühren.
4. Direkt servieren oder bis zum Servieren abgedeckt im Kühlschrank aufbewahren.

タラの味噌チーズパン粉焼き

TERIYAKI MISO PIZA

Pizza

Für 2 Pizzen à 26 cm

Teig

250 g Weizenmehl, Typ 550
4 g Trockenhefe
2 TL Zucker
½ TL Salz
2 EL Olivenöl
150 ml lauwarmes Wasser

Pizzasoße

100 g passierte Tomaten
1 TL Oregano, getrocknet
½ TL Thymian, getrocknet
1 EL Honig
je 1 Prise Salz und Pfeffer

Belag mit Teriyaki-Hühnchen

500 g Hähnchenbrust-Filet
4 EL Sojasoße
3 EL Mirin
1 EL Su
2 EL Zucker
1 EL geröstetes Sesamöl
4 EL Mais
2 gehäufte TL Shiro-Misopaste (helle Misopaste)
80 g Creme fraîche
1 rote Zwiebel
1 Frühlingszwiebel
180 g Pizzakäse (Mozzarella, geraspelt)
Nach Belieben: Noristreifen

außerdem:

Backpapier

1. **Für den Teig** Mehl, Trockenhefe, Zucker, Salz, Olivenöl und lauwarmes Wasser in einer Schüssel mit den Knethacken des Handmixers rühren und mindestens 5 Minuten durchkneten. Den Teig in der Schüssel mit einem sauberen Handtuch abdecken und an einem warmen Ort 60 Minuten ruhen lassen. In der Zwischenzeit können Teriyaki-Hühnchen, Pizzasoße und Misocreme zubereitet werden.

2. **Für Teriyaki** das Hähnchenfleisch in mundgerechte Stücke schneiden. Sojasoße, Mirin, Su und Zucker in einer kleinen Schale mischen. Das Hühnchen in einer Pfanne im Sesamöl bei mittlerer Hitze anbraten. Die Sojasoßenmischung in die Pfanne geben und alles so lange bei hoher Hitze braten, bis nur noch wenig Flüssigkeit in der Pfanne ist. Achtung, nicht anbrennen lassen! Am Schluss kann das schnell passieren. Das fertige Teriyaki-Hühnchen in einer Schüssel beiseitestellen.

3. **Für die Pizzasoße** alle angegebenen Zutaten mischen, bis sich der Honig aufgelöst hat.

4. **Für den Belag** jetzt Misopaste und Crème fraîche mischen, bis alle Klümpchen glatt gerührt sind.

5. Den Teig nach der Ruhezeit nochmals durchkneten, teilen und 2 runde Pizzen mit ca. 26 Zentimeter Durchmesser ausrollen und auf 2 mit Backpapier ausgelegte Bleche legen. Der Rand soll etwas am Rand nach oben stehen. Den Ofen auf 180 °C Umluft vorheizen.

6. Die Zwiebel schälen, halbieren und in schmale Ringe schneiden. Frühlingszwiebel in dünne Ringe schneiden. Die Pizzaböden mit der Pizzasoße bestreichen. Dann mit Käse belegen. Auf dem Käse Teriyaki-Hühnchen, Mais und Zwiebelringe verteilen. Zum Schluss gleichmäßig verteilt kleine Punkte der Misocreme setzen.

7. Die Pizzen relativ mittig in den Backofen schieben und ca. 15 Minuten backen, aus dem Ofen holen und vor dem Servieren mit Frühlingszwiebelringen dekorieren.

照り焼き味噌ピザ

SUKIYAKI FU YAKIUDON

Bratudon nach Sukiyaki-Art

Für 4 Portionen

300 g tiefgekühltes Sliced Beef, ersatzweise Rinderminutensteaks oder dünne Rinderrouladen
400 g Chinakohl
1 Zwiebel
1 Karotte
2 Frühlingszwiebeln
3 EL Sake
3 EL Zucker
4 EL Sojasoße
2 EL Mirin
1 EL Speiseöl
4 Packungen Udon-Nudeln à 200 g (vorgekocht, vakuumiert)

1. Sliced Beef auftauen lassen. Wer ersatzweise Rinderminutensteaks oder Rinderrouladen verwendet, schneidet das Fleisch in mundgerechte Stücke. Chinakohl waschen und in breite Streifen schneiden. Zwiebel und Karotte schälen. Zwiebel halbieren und in dünne Ringe, Karotte in feine Streifen schneiden. Frühlingszwiebeln waschen und in dünne Ringe schneiden.

2. Sake, Zucker, Sojasoße und Mirin in einer Tasse mischen. Öl in einer Pfanne erhitzen, Zwiebeln, Karotten und Chinakohl hineingeben und bei mittlerer Hitze anbraten, dabei öfter umrühren.

3. Sobald die Zwiebeln glasig sind, das Fleisch und den Sojasoßenmix in die Pfanne geben. Sobald der Sud kocht, die ausgepackten Udon-Nudeln hinzufügen. Den Inhalt der Pfanne oft wenden, damit sich die Udon aus dem Block schneller lösen und besser gar werden.

4. Alles so lange auf hoher Hitze braten, bis kaum noch Sud in der Pfanne ist, dann schnell vom Herd herunternehmen, damit nichts anbrennt. Auf die Teller verteilen und die Frühlingszwiebelringe darüberstreuen.

ABOKADO NO WASABI DORESHINGU

Avocado-Wasabi-Salat

Für 4 Portionen

2 Avocados
1 TL frischer Zitronensaft
3 EL Mayonnaise
1 TL Wasabi
1 TL Sojasoße

1. Das Avocadofruchtfleisch mit dem Löffel aus der Schale holen und in Würfel schneiden. Mit Zitronensaft beträufeln.

2. Mayonnaise, Wasabi und Sojasoße mischen. Dressing auf die Avocadowürfel geben und gut durchmischen.

すき焼き風焼きうどん

CHANKONABE

Sumo-Eintopf

Für 4 Personen oder 1 Sumo-Ringer

Brühe

1 l Dashibrühe (Rezept S. 18)
100 ml Sojasoße
100 ml Mirin
50 ml Sake

Einlage

5 Blätter Chinakohl
2 Frühlingszwiebeln
2-cm-Stück Ingwer, geschält
2 Knoblauchzehen, geschält
1 Karotte
1 Zwiebel
200 g Rettich
100 g Enoki-Pilze (oder Shiitake, Shimeji)
150 g Rotbarschfilet
500 g Hühnerbrustfilet
250 g Tofu, natur
100 g Konnyaku-Würfel
4 Garnelen

Nikudango-Fleischklößchen

4 Shiitake-Pilze, getrocknet
2 Frühlingzwiebeln
350 g Schweinehack
1 TL Ingwer, gerieben
1 Ei
Salz, Pfeffer

1 **Für die Nikudango** Shiitake-Pilze in etwas Wasser einweichen.

2 **Für die Einlage** währenddessen Chinakohl und Frühlingszwiebeln waschen. Ingwer und Knoblauch für die Brühe in Scheiben schneiden. Karotte, Zwiebel und Rettich schälen. Karotte in Scheiben, Rettich in Viertelscheiben, Zwiebel in Halbringe, Frühlingszwiebeln in lange Stücke und Chinakohl in Streifen schneiden. Enoki-Pilze unten abschneiden. Rotbarschfilet, Hühnerbrustfilet, Tofu und Konnyaku in mundgerechte Stücke schneiden.

3 **Für die Nikudango** die eingeweichten Pilze in kleine Stücke schneiden. Das Einweichwasser nicht abgießen, sondern später zur Brühe geben. Frühlingszwiebeln waschen und in dünne Ringe schneiden. Hackfleisch, Frühlingszwiebelringe, Pilzstücke, Ingwer, Ei und etwas Salz und Pfeffer miteinander mischen. Aus dem Teig Hackbällchen formen.

Variante im Topf

Alle Zutaten für die Brühe – also Dashibrühe, Sojasoße, Mirin und Sake – in einen großen Topf geben. Shiitake-Wasser vom Einweichen ebenfalls dazugeben. Geschnittenes Gemüse, Tofu, Konnyaku und Hühnerbrustfilet in den Topf geben und alles zum Kochen bringen. Die Fleischbällchen jetzt mit in den Topf geben und 20 Minuten ziehen lassen. Dann Fischstücke und Garnelen mit in den Topf geben und nochmals 4 Minuten kochen. Den Eintopf mit einer Schüssel Reis servieren.

Variante auf dem Tisch

Wer wie in Japan einen Topf für den Esstisch hat, kann die Brühe auf dem Tisch zum Kochen bringen. Dafür die Zutaten für die Brühe und das Shiitake-Einweichwasser in den Topf geben. Die geschnittenen Zutaten werden neben den Topf gestellt. Sobald die Brühe kocht, können nach und nach darin die Zutaten gegart werden. Dann werden sie herausgenommen und neue Zutaten hineingelegt, bis alle Zutaten gegart sind. Die Reihenfolge ist dabei egal. Auf diese Weise kann der Garpunkt jeder einzelnen Zutat eingehalten werden und jeder kann sich in der Brühe garen, was er gerne isst.

ちゃんこ鍋

GOHAN

Reis

Für 4 Portionen

300 g Japanischer Reis (Rundkorn)
360 ml Wasser

1 Reis zum Waschen mit frischem Wasser in eine Schüssel geben, mit dem Schneebesen oder der Hand vorsichtig mehrmals umrühren. Wasser vorsichtig abgießen! Diesen Vorgang mindestens 6- bis 7-mal wiederholen. Das Wasser soll beim Abgießen fast klar sein. Reis mit Wasser im Verhältnis 1:1,2 kochen. Beispiel: Für 200 g Reis braucht man 240 ml Wasser.

Garen im Reiskocher

Den gewaschenen Reis in den Reiskocher füllen und 360 ml Wasser dazugeben. Den Reiskocher auf „kochen“ stellen und so lange warten, bis die Kontrollleuchte erlischt. Das kann je nach Modell variieren.

Garen im Topf

Gewaschenen Reis und Wasser in den Topf füllen, mit Deckel zum Kochen bringen, dann Hitze auf die niedrigste Stufe reduzieren. So lange ziehen lassen, bis das Wasser aufgesogen ist. Den Deckel nicht abnehmen! Ein Glasdeckel ist deshalb von Vorteil. Sollte der Reis danach noch etwas zu fest sein, den Reis vom Herd nehmen, den Deckel schnell noch mal draufsetzen und etwas länger ziehen lassen.

GOMADARE

Sesamsoße zum Dippen

Für ein 250-ml-Glas (ergibt 4 Portionen)

2 EL weiße Sesamsamen
$\frac{1}{2}$ TL Tomatenmark
4 TL Wasser
4 EL Tahini
2 EL Zucker
3 EL Su
2 EL Sojasoße
1 EL geröstetes Sesamöl
3 EL Mayonnaise

Sesamsamen in einer kleinen Pfanne ohne Öl rösten, bis sie anfangen zu knacken. Wer hat, kann die Sesamsamen dann in einem Mörser noch etwas klein mahlen und in das Glas geben. Tomatenmark in einer kleinen Schale mit Wasser glattrühren und ins Glas gießen. Tahini-Paste nach Bedarf vorher umrühren und zusammen mit den restlichen Zutaten ins Glas geben, dann gut miteinander mischen. In einem Schraubglas im Kühlschrank aufbewahren. 2 Wochen haltbar.

NEGIDARE

Zwiebelsoße zum Dippen

Für ein 200-ml-Glas (ergibt 4 Portionen)

1 kleine Zwiebel
1 EL geröstetes Sesamöl
1 Frühlingszwiebel
6 EL Sojasoße
4 EL Su
2 TL geröstetes Sesamöl
1 EL Zucker
1 EL Mirin

Die Zwiebel schälen und in Würfel schneiden. In einer kleinen Pfanne mit 1 EL Sesamöl glasig braten. Die Frühlingszwiebel waschen und hacken. Glasige Zwiebelwürfel und gehackte Frühlingszwiebel sowie die restlichen Zutaten in das Glas geben. Umrühren oder zugeschraubt gut schütteln. Im Kühlschrank 2 Wochen haltbar. Vor dem Servieren schütteln.

YAKINIKU DARE

Grillsoße zum Dippen

Für ein 250-ml-Glas (ergibt 4 Portionen)

2 EL weiße Sesamsamen
100 ml Wasser
100 ml Sojasoße
1 TL geriebener Ingwer
1 Knoblauchzehe, gerieben
$\frac{1}{4}$ TL Chili, geschrotet
3 EL Zucker
2 EL Mirin
$\frac{1}{2}$ EL Su

Sesamsamen in einer kleinen Pfanne ohne Öl rösten, bis sie anfangen zu knacken. Eventuell die Samen danach noch mit einem Mörser etwas zerkleinern. Alle Zutaten miteinander mischen. In einem Schraubglas im Kühlschrank aufbewahren. Dort ist die Soße 2 Wochen haltbar. Vor dem Befüllen der Schälchen gut schütteln.

DIE SOSSEN KÖNNT IHR SUPER ZUM DIPPEN FÜR TEPPANYAKI, ZUM GRILLEN (YAKINIKU) ODER EINFACH SO FÜR FLEISCH UND GEMÜSE VERWENDEN!

YAKIMESHI

Japanischer Bratreis

Für 4 Portionen

1 Karotte
100 g Mungobohnen, frisch
2 Scheiben Kochschinken
2 Frühlingszwiebeln
3 Eier
etwas Speiseöl
6 EL Sojasoße
6 EL Sake
3 TL Zucker
1 gestrichener TL Dashi-Instantpulver
2+1 EL geröstetes Sesamöl
3 EL Mais
3 EL Erbsen, tiefgekühlt
660 g gekochter Reis (entspricht 300 g ungekochtem Reis)
Pfeffer

1. Das Gemüse waschen. Karotte schälen und in kleine Würfel, Kochschinken in kleine Quadrate und Frühlingszwiebeln in Ringe schneiden.
2. Die Eier verquirlen und in einer Pfanne mit etwas Speiseöl zu Rührei braten. Beiseitestellen.
3. Sojasoße, Sake, Zucker und Dashipulver in einer Schale mischen und beiseitestellen.
4. In einer großen Pfanne 2 EL Sesamöl erhitzen. Auf mittlerer Hitze Karottenwürfel, Schinkenquadrate, Frühlingszwiebelringe und Mungobohnensprossen hineingeben und anbraten, bis der Schinken leicht angebräunt ist. Mais, Erbsen und Rührei hinzugeben und alles noch mal auf mittlerer Hitze ca. 1 Minute anbraten.
5. Den Reis hinzufügen und mit der Sojasoßenmischung sowie dem letzten EL Sesamöl übergießen. Die Herdtemperatur auf die niedrigste Stufe stellen und mit dem Pfannenwender alles gut mischen, bis keine Reisklümpchen mehr vorhanden sind. Nach Belieben mit Pfeffer würzen.

PĪMAN NO MISO ITAME

Süß gebratene Paprika mit Walnüssen

Für 4 Portionen

2 grüne Paprika
½ kleine Zwiebel
30 g Walnusskerne
1 EL Sojasoße
1 EL Zucker
2 EL Sake
2 EL Mirin
1 TL Aka-Misopaste
1 EL Öl

1. Die Paprika waschen, entkernen und in mundgerechte Stücke schneiden. Zwiebel schälen, halbieren und eine Hälfte in Halbringe schneiden. Walnusskerne grob zerhacken. In einer kleinen Schale Sojasoße, Zucker, Sake und Mirin mischen und die Misopaste darin auflösen.
2. In einer kleinen Pfanne Öl erhitzen. Paprika, Zwiebelringe und Walnusskerne darin anbraten. Die Misomischung dazugeben und alles nochmals 1–2 Minuten braten. Auf Beilagentellern anrichten und servieren.

焼き飯

SNACKS

AYA TRIFFT SICH MIT EINEM DEUTSCHEN FREUND.
WIE SCHÖN, DICH ENDLICH ZU TREFFEN, MAX. ICH HABE DIR JAPANISCHE SPEZIALITÄTEN MITGEBRACHT.
ICH FREUE MICH AUCH SEHR. ICH HABE SPEZIALITÄTEN AUS DEUTSCHLAND FÜR DICH DABEI.
MARZIPAN
GOYA (BITTER-MELONE)
LAKRITZE
NATTŌ (FERMENTIERTE SOJABOHNEN)
MILCHREIS
MOTSUNABE (EINTOPF MIT INNEREIEN)
MAMPF
SSS
UGH
BÖRKS...
HMMM
SSSUUP
MJAMM
DAISUKE ISST ZWAR ALLES, ABER GRUNDSÄTZLICH SIND GESCHMÄCKER SEHR VERSCHIEDEN. VOR ALLEM BEI GASTGESCHENKEN SOLLTE MAN DAHER AUFPASSEN UND ETWAS WÄHLEN, WAS NICHT ZU SPEZIELL IST.
HEY! ICH ESSE NICHT "ALLES"...

IZAKAYA STYLE TEBASAKI

Chicken Wings

Für ca. 12 Stück

1 kg Hähnchenflügel, ungewürzt
4 EL Stärke
1 l Speiseöl zum Frittieren

Marinade

3 EL Zucker
3 EL Mirin
2 EL Sojasoße
3 EL Sake
1 EL Su (Reisessig)
1 EL weiße Sesamsamen

1. Die Hähnchenflügel in einer Schüssel so lange in der Stärke wenden, bis die Wings vollständig damit bedeckt sind.
2. Einen Topf oder eine Fritteuse mit Öl füllen und erhitzen. Im Topf sollte das auf mittlerer Stufe erfolgen. Nicht zu heiß werden lassen! Das Öl hat die richtige Temperatur, wenn man einen Schaschlikspieß aus Holz hineinhält und sich an ihm kleine Bläschen bilden. Vor dem Frittieren gegebenenfalls überschüssige Stärke von den Wings kurz abklopfen, einzeln in den Topf geben. Die Flügel so lange frittieren, bis sie goldbraun und schön knusprig sind. Dies kann bis zu 20 Minuten dauern. Daher können in der Zwischenzeit Reis, Beilagen oder weitere Snacks für eine Party zubereitet werden. Dabei sollte man den Topf immer im Blick haben!
3. Die Wings aus dem heißen Fett nehmen und auf einem mit Küchenpapier ausgelegten Teller abtropfen lassen.
4. In einer Pfanne Zucker, Mirin, Sojasoße, Sake, Su und Sesamsamen mischen und einmal kräftig aufkochen. Dann die Chicken Wings in diese Marinade hineingeben und mehrmals darin wenden.
5. Die Tebasaki Wings auf einem Teller anrichten.

手羽先

ONIGIRI

Reisbällchen mit leckeren Füllungen

1 Für jede Onigiri-Variante den Reis nach Rezept auf Seite 58 zubereiten und etwas abkühlen lassen. Die Reisbällchen wie unten beschrieben mit der Hand formen oder einem Former füllen.

Niku-Miso-Füllung

Miso-Fleisch-Füllung

Für ca. 8 Stück

400 g Reis
½ kleine Zwiebel
3 gestrichene EL Shiro-Misopaste, hell
2 EL Sake
1 EL Sojasoße
1 TL Ingwer, gerieben
1 TL Knoblauch, gerieben
1 EL Zucker
1 TL geröstetes Sesamöl
1 EL Sesamsamen, weiß
150 g Schweinehack

2 Zwiebel schälen und in Würfel schneiden. Die Misopaste mit Sake und Sojasoße mischen, bis sich die Paste aufgelöst hat. Ingwer, Knoblauch und Zucker hinzugeben und nochmals mischen.

3 Das Öl in einer Pfanne erhitzen. Sesamsamen, Zwiebelwürfel und Hackfleisch hineingeben und bei mittlerer Hitze anbraten, bis die Zwiebelwürfel glasig werden. Dann die Würzmischung hinzugeben, alles miteinander mischen und bei hoher Hitze unter stetigem Rühren braten, bis nur noch wenig Flüssigkeit in der Pfanne ist.

Oni-Giri-Füllung

Scharfe Teufels-Giri-Füllung

Für ca. 6 Stück

300 g Reis
5 Blätter Chinakohl
50 g Shimeji-Pilze (oder braune Champignons)
1 kleine Zwiebel
2 EL Sojasoße
2 EL Mirin
¼ TL Shichimi Togarashi

2 Chinakohl waschen und in schmale, kurze Streifen schneiden. Die Shimeji-Pilze vereinzeln – bei Champignons ist das nicht notwendig – und in kleine Stücke schneiden. Die Zwiebel schälen und würfeln.

3 Chinakohl, Pilze und Zwiebeln zusammen mit Sojasoße, Mirin und Shichimi Togarashi in eine kleine Pfanne geben und garen, bis fast keine Flüssigkeit mehr in der Pfanne ist.

Shichimi/Nanami Tōgarashi

7-Gewürze-Chili-Mischung

Für 1 kleines Glas

3 gehäufte EL Chili, geschrotet mit Kernen (extra scharf)
1 TL schwarze Sesamkörner
2 TL weiße Sesamkörner
1 EL Orangenpulver, gefriergetrocknet, gemahlen
1 EL Sansho-Bergpfeffer (oder Pfeffer), gemahlen
1 EL Ingwerpulver
1 Stück Nori ca. 10 × 10 cm

Körner mahlen, bis alles grob zerkleinert ist. Orangenpulver, Sansho- und Ingwerpulver hinzugeben. Nori in kleine Stücke schneiden und ebenfalls dazugeben. Alles durchmahlen, bis es sich gut vermischt hat und der Nori zerkleinert ist. Als Würzmischung für viele japanische Speisen zu verwenden. Eignet sich in ein Glas abgefüllt auch super als Geschenk.

So formt man Reis

Die Hände nass machen. Etwas Salz in die Handflächen streuen, dies vor jedem Onigiri wiederholen. Wer einen Onigiri-Former verwendet, kann die Reisbällchen hinterher mit etwas Salz bestreuen.

Aus dem Reis 6 oder 8 Kugeln (je nach Rezept) formen, etwas Reis zurückbehalten. In jede Kugel eine Mulde drücken und die Füllung hineingeben. Mit dem restlichen Reis die Füllung bedecken und den Reis so zusammendrücken, dass die Füllung eingeschlossen ist. Fest zusammendrücken. Nun den Reis in eine Dreiecksform bringen.

お握り

KARÉ PAN

Curry-Brötchen

Für 6 Stück

350 g Mehl, Typ 550
2 TL Zucker
7 g Trockenhefe
1 EL weiche Butter
½ TL Salz
200 ml lauwarmes Wasser
300 g fertiges Curry (Rezept S. 36)
60 g Panko
700 ml Rapsöl oder 6 TL Rapsöl

außerdem:
Backpapier

1. Mehl, Zucker, Trockenhefe, Butter, Salz und Wasser mit dem Knethaken mindestens 1 Minute zu einem Teig verkneten. Den Teig in eine Schüssel legen, mit einem sauberen Handtuch abdecken und 60 Minuten an einem warmen Ort gehen lassen.

2. Die Kartoffeln und das Gemüse im fertigen Curry mit einer Gabel zerdrücken, sodass eine Art Currymus entsteht. Die Fleischstücke können ganz bleiben.

3. Das Panko in eine Schüssel oder einen Teller geben. Ein Blatt Backpapier ausbreiten.

4. Die Hände mit etwas Mehl bestäuben, denn der Teig ist sehr klebrig. Das Panko hält später aber besser daran. Teig in 6 gleichgroße Portionen aufteilen und diese aufs Backpapier legen.

5. Jeweils 1 Teigportion nehmen, etwas rund auseinander ziehen (siehe Bilder), auf dem Panko ablegen. Etwas Currymus in die Mitte des Teigs setzen und den Teig rundherum schließen. Gut festdrücken und den Teigball im Panko wenden. So mit allen Teigportionen verfahren.

Variante in der Pfanne

700 ml Rapsöl in eine Pfanne geben und heiß werden lassen. Um zu testen, ob das Öl warm genug ist, einen hölzernen Schaschlikspieß oder Zahnstocher hineinhalten. Bilden sich an ihm kleine Bläschen, ist das Öl bereit. Das Öl beim Erhitzen auf keinen Fall unbeaufsichtigt lassen. Die Kare Pan in das Öl legen und von beiden Seiten bei mittelhoher Hitze goldbraun ausbacken. Danach auf einen mit Küchenkrepp ausgelegten Teller abtropfen lassen.

Backofenvariante

Den Ofen vor dem Formen auf 200 °C vorheizen. Die Kare Pan auf ein mit Backpapier belegtes Blech legen und jedes von ihnen mit einem Teelöffel Öl beträufeln. Sobald die Hitze im Backofen 200 °C erreicht hat, das Blech in den Ofen schieben und 25 Minuten backen.

How to: Füllen und Panieren

カレーパン

NIKUMAN

Gedämpfte Teigtaschen mit Füllung

Für 10 Stück

Teig
500 g Mehl, Typ 550
7 g Trockenhefe
1 TL Backpulver
4 TL Zucker
1 TL Salz (für Anman nur eine Prise)
300 ml lauwarme Milch

Anman *Süße Rote-Bohnen-Füllung*
200 g Yude Azuki (Rezept S. 94)

Pizaman *Pizzafüllung*
3+1 EL Tomatenmark
4 EL passierte Tomaten
200 g Pizzakäse, geraspelt
½ TL Thymian
½ TL Oregano

Gyuman *Rindfleischfüllung*
400 g Rinderhack
4 EL Sojasoße
3 EL Mirin
1 EL Su
1 EL Zucker
6 EL Panko
1 Frühlingszwiebel, in Ringen

Nikuman *Schweinefleischfüllung*
300 g Schweinehack
1 kleine Zwiebel, geschält, gewürfelt
1 Knoblauchzehe, geschält, geraspelt
1 TL Ingwer, geschält, geraspelt
4 TL Austernsoße
2 TL Sojasoße
2 EL Zucker
2 EL Sake
6 EL Panko

außerdem:
Backpapier
Dampfgarer/Bambus-Dämpfkorb

1 Mehl, Trockenhefe, Backpulver, Zucker und Salz in einer Schüssel mischen. Für Pizzaman noch 1 Esslöffel Tomatenmark hinzufügen. Die lauwarme Milch hinzugeben und mit den Knethaken des Handmixers mindestens 1 Minute zu einem glatten Teig kneten. Den Teig mit einem sauberen Handtuch abdecken und 60 Minuten an einem warmen Ort gehen lassen. In der Zwischenzeit kann man aus Backpapier schon mal 10 Quadrate zurechtschneiden.

2 Zutaten für die gewünschte Füllung jeweils in einer Schüssel zusammenmischen. Den Teig noch einmal durchkneten und auf 10 Portionen aufteilen. Die Teigportionen mit einem Nudelholz auf einem großen Stück Backpapier zu runden Talern ausrollen. Sie sollten nicht zu dünn sein.

3 In die Mitte der Teigfladen die Füllung setzen und die Enden des Teigs darüber so zusammendrücken, dass die Füllung rundherum mit Teig bedeckt ist. Mit der ehemals offenen Seite nach unten auf eines der kleinen Backpapierquadrate setzen.

4 Die Teigkugeln mit Backpapier in den elektrischen Dampfgarer oder einen Bambus-Dämpfkorb auf einen passenden Topf mit kochendem Wasser setzen. Genug Platz zwischen ihnen lassen, da sie noch aufgehen und an Volumen gewinnen. Die Teigkugeln für 20 Minuten dämpfen.

肉まん

SENBEI

Reiscracker

Für ca. 25 Stück

Grundteig (Salz-Senbei)
80 g gekochter Reis, kalt
9 EL Wasser
1 TL Salz
90 g Klebreismehl

Teigvariante für Sesam-Senbei
Grundteig + 1 EL Sesamsamen

Teigvariante für scharfe Senbei
Grundteig + 1 TL Shichimi Togarashi (S. 66)

Teigvariante für süße Matcha Senbei
Grundteig ohne Salz
1 Prise Salz
4 EL Zucker
2 gehäufte TL Kochmatcha

Shoyu-Glasur
1 EL Sojasoße
2 EL Mirin
1 TL Zucker

Optional für Nori Senbei
25 Stücke Nori oder
1 Blatt Nori, klein geschnitten

1. Gekochten Reis, Wasser, Salz und 4 EL vom Klebreismehl in einer Schüssel mit einem Pürierstab mixen, bis keine ganzen Reiskörner mehr zu erkennen sind. Restliches Klebreismehl und eventuell gewünschte geschmackliche Variante (Sesam, Shichimi Togarashi bzw. Matcha, Zucker, Salz) zugeben. Alles zu einem glatten Teig kneten. Den Backofen auf 150 °C Ober-/Unterhitze vorheizen.

2. Aus dem Teig 25 gleich große Kugeln formen. Auf einem Stück Backpapier 9 Kugeln mit ausreichend Abstand platzieren. Ein zweites Stück Backpapier darauflegen und mit einem Nudelholz die Teigkugeln sehr dünn ausrollen. Darauf achten, dass sie nicht zusammenkleben. Das obere Backpapier vorsichtig abziehen.

3. Das untere Backpapier mit den Teigfladen auf ein Backblech legen und im vorgeheizten Backofen 30 Minuten backen. In der Zwischenzeit die Shoyu-Glasur in einer kleinen Schüssel mischen.

4. Nach dem Backen das Blech herausnehmen. Mit einem Backpinsel die Senbei von beiden Seiten sehr dünn mit der Glasur bestreichen.

5. Falls gewünscht, kann man jetzt die Noristreifen um den Senbei legen und fest an die Glasur drücken.

6. Nochmals im Ofen 2 Minuten backen. Bleiben die glasierten Senbei zu lange im Ofen, kann die Glasur anbrennen. Trägt man zu viel Glasur auf die Reiscracker auf, kleben sie später etwas und schmecken intensiver. Dann beim nächsten Mal die Glasur etwas dünner auftragen.

Yuki no Yado Senbei-Glasur
(für süß-salzige Senbei)

6 EL Puderzucker
2 TL Wasser

Nach 30 Minuten Backzeit die Senbei aus dem Ofen nehmen und abkühlen lassen. Puderzucker mit Wasser in einer kleinen Schale mischen. Mit einem Löffel etwas Glasur auf jeden Senbei auftragen und gut trocknen lassen. Nur für Salz Senbei.

煎餅

DIE REISCRACKER LASSEN SICH SUPER IN EINER KEKSDOSE AUFBEWAHREN.

SÜSSES

IM ONSEN.
PLATSCH
AAAH, ICH LIEBE ONSEN!
ICH AUCH!
DA KANN MAN WIRKLICH ÜBER VIELES NACHDENKEN ...
MEINST DU WAS SPEZIELLES?
NAJA ... IRGENDWIE SCHON ...
BRABBEL BRABBEL
HM?
WAS REDET ER DENN DA?

ALSO WAS JETZT?
WEIßT DU NOCH, WORÜBER WIR VORHIN GESPROCHEN HABEN?
HE HE
KOMM ... ES GEHT UM DIE BEIDEN ...
HEHE... GENAU! ICH KANN MICH EINFACH NICHT ENTSCHEIDEN.
WAS?
AAACHSOO.. DU MEINST DEIN DILEMMA MIT DEN BEIDEN SÜßEN?
DU VERFÜHRER!

WELCHE IST WOHL DIE BESSERE WAHL?
WIE? ... WELCHE? .... BESSERE WAHL???
WAS REDEST ER DA?
UGG...
ÜBER WEN SPRICHT DER AFFE DA?
UGGA UGG*
HMPF
*HEEEEY!
DIE EINE IST MIR SCHON SEIT LANGEM VERTRAUT ...
...ICH LIEBE SIE SEIT MEINER KINDHEIT ...

PUH
...
ABER DIE ANDERE IST NEU UND SO VERFÜHRERISCH
...
ALLES GUT!
UGGHA UGH UGH UGG
KEINE AHNUNG, WEN ER MEINT.
HEY SÜßER
HMMM
PUH... DAS IST SCHWER!
ICH WÄHLE MEINE KINDHEITSLIEBE!
TA-TAAA
YEAH!
DU ÜBERTREIBER!
SWUSCH
OKAY! ICH HABE MICH ENT-SCHIEDEN!
... LIEBT SIE SEIT ... SEIT DER KINDHEIT?

SPÄTER IM CAFÉ DES ONSENS.
Onsen CAFÉ
Open
AYA ... ICH ...
JA, DAISUKE ?
ICH HABE MICH ENDLICH ENTSCHIEDEN ...
A... ACH JA ?
FÜR WELCHE DENN?
FÜR DIE BESTE...
... NACHSPEISE!
WOOOW
FÜR DASCH PARFAIT !
...
ÄCHZ
SCHMATZ
ENDE

MELONPAN PARTY!

Melonenbrötchen: außen knusprig – innen weich

Für 4 Stück

Grundrezept Keksteig
50 g weiche Butter
160 g Zucker
1 Ei
200 g Mehl, Typ 405

Grundrezept Hefeteig
300 g Mehl, Typ 550
3 EL Zucker
1 Päckchen Trockenhefe (7 g)
200 ml Milch
30 g weiche Butter

Schoko-Melonpan
Hefeteig: + 3 EL gestrichenen Backkakao
Keksteig: + 3 EL gestrichenen Backkakao

Zimt-Melonpan
Hefeteig: Grundrezept wie oben
Keksteig: + 2 gehäufte TL Zimt

Matcha-Melonpan
Hefeteig: + 2 gehäufte TL Kochmatcha
Keksteig: + 2 gehäufte TL Kochmatcha

Erdbeer-Melonpan
Hefeteig: 3 gehäufte TL Erdbeerpulver
Keksteig: 5 gehäufte TL Erdbeerpulver

1. **Für den Keksteig** die Zutaten – dazu den jeweiligen Geschmacksgeber, also Backkakao, Zimt, Matcha oder Erdbeerpulver, – in einer Schüssel mischen, bis sich ein glatter Teig ergibt. Diesen in Frischhaltefolie wickeln und in den Kühlschrank legen.

2. **Für den Hefeteig** Mehl, Zucker, Geschmacksgeber – also wahlweise Backkakao, Matcha, Zimt oder Erdbeerpulver, – sowie Hefe in einer Schüssel mischen. Milch und Butter entweder in einem kleinen Topf oder in der Mikrowelle kurz erhitzen, bis die Zutaten handwarm sind. Die Flüssigkeit darf nicht zu heiß sein, sonst stirbt die Hefe. Butter-Milch-Mischung zu den restlichen Zutaten geben und alles zu einem glatten Teig kneten. Das macht man entweder mit der bemehlten Hand oder mit den Knethaken einer Handmixers. Man knetet so lange, bis er nicht mehr klebt. Mit dem Handmixer kann das bis zu 5 Minuten dauern. Den Teig mit einem sauberen Handtuch abdecken und an einem warmen Ort 50 Minuten gehen lassen. Nach 40 Minuten den Keksteig zur weiteren Vorbereitung aus dem Kühlschrank nehmen.

3. Den Backofen auf 200 °C Ober-/Unterhitze vorheizen. Keks- und Hefeteig in jeweils 4 Portionen aufteilen. Die Arbeitsfläche und das Nudelholz mit etwas Mehl bestäuben und eine Keksteigportion nicht zu dünn ausrollen.

4. Eine der Hefeteigportionen in die Mitte des Keksteigs setzen, den Hefeteig mit dem Keksteig ummanteln. Sollte der Keksteig nicht vollständig den Hefeteig umschließen, ist dies kein Problem; lediglich der untere Rand sollte ummantelt sein. Einfach mit dem offenen Bereich nach unten aufs Backblech legen. So mit allen 4 Portionen verfahren.

5. Der Backofen sollte bereits auf 200 °C vorgeheizt sein, wenn die Melonpan in den Ofen kommen. Die Teigkugeln auf ein Backblech setzen und bei 200 °C ca. 15 Minuten backen. Aus dem Backofen holen und etwas abkühlen lassen.

メロンパン

CHĪZUKĒKI

Japanischer Käsekuchen

Für eine 26-cm-Springform oder eine Tortenform aus Metall

7 Eier
300 g Frischkäse, natur, Doppelrahmstufe
150 g Sahne
150 g Puderzucker
2 EL Zitronensaft
80 g Mehl, Typ 405
30 g Stärke

außerdem:

tiefes Backblech oder Auflaufform, in die die Backform passt

1. Die Backform vorbereiten. Eine Springform so mit Backpapier auslegen, dass es an einem Stück bleibt und bis an den oberen Rand in der Form reicht. Dadurch kann später kein Wasser in den Teig laufen.

2. Den Backofen auf 180 °C Ober-/Unterhitze vorheizen. Der japanische Käsekuchen hasst Zugluft, daher nicht auf Umluft stellen.

3. Eier trennen, Eiweiß und -gelb jeweils in 2 große Schüsseln geben. Zum Eigelb fügt man Frischkäse, Sahne, Puderzucker und Zitronensaft hinzu. Alles gut miteinander mischen.

4. Mehl und Stärke über den Teig sieben und ebenfalls gut mischen. Das Eiweiß in der zweiten Schüssel steif schlagen und dann vorsichtig unter den Teig heben.

5. Den Teig in die vorbereitete Kuchenform füllen. Die Form auf das tiefe Backblech setzen. So viel Wasser in das Backblech geben, dass die Kuchenform ca. 1 cm tief im Wasser steht. Den Ofen öffnen, das Backblech hineinschieben und die Temperatur auf 150 °C senken. Bei 150 °C Ober-/Unterhitze ca. 60 Minuten backen.

6. Den Kuchen noch warm aus der Form lösen. In Japan wird der Kuchen warm serviert, da er dann schön fluffig und luftig ist. Sobald er abgekühlt ist, sackt er etwas zusammen, ist aber natürlich auch so sehr lecker. Nach Belieben etwas Puderzucker darübersieben oder mit Obst servieren.

チーズケーキ

ONIGIRI KUKKI

Sesam-Honig-Kekse in Onigiri-Form

Für ca. 45 Stück

3 EL schwarze Sesamsamen
400 g Mehl, Typ 405
200 g weiche Butter
150 g Zucker
1 Ei
2 EL Honig
2 gehäufte TL Kochmatcha

1. Die Sesamsamen in eine Pfanne ohne Öl geben und erhitzen. Die Sesamsamen so lange rösten, bis sie anfangen zu knistern. Dann direkt aus der Pfanne nehmen.
2. Mehl, Butter, Zucker, Ei und Honig zu einem glatten Teig kneten. 150 Gramm des Teigs abnehmen und diesen Teil mit Matcha mischen, bis der Teig gleichmäßig grün ist. Den restlichen hellen Teig mit den Sesamsamen mischen, bis sie gleichmäßig im Teig verteilt sind. Beide Teigkugeln in Frischhaltefolie wickeln und 60 Minuten in den Kühlschrank legen.
3. Den Ofen auf 180 °C Ober-/Unterhitze vorheizen. Die Teigkugeln aus dem Kühlschrank nehmen. Auf die Arbeitsfläche ein Stück Backpapier legen. Das Backpapier und das Nudelholz mit etwas Mehl bestäuben. Den hellen Sesamteig darauf ausrollen. Mit einem Messer aus dem Teig Dreiecke schneiden. Die Enden wie bei einem Onigiri leicht abrunden und alle Dreiecke auf ein mit Backpapier ausgelegtes Backblech legen.
4. Den Matchateig ebenfalls ausrollen. Kleine Streifen mit dem Messer ausschneiden und wie bei einem Onigiri unten auf den hellen Teig legen. Der Matchastreifen sollte den Rand etwas umgreifen (siehe Bild).
5. Die Kekse ca. 10 Minuten im vorgeheizten Backofen backen. Rausnehmen und abkühlen lassen.

How to: Keksteig schneiden

お握りクッキー

NAMA CHOKO

Zarte Sahne-Schokolade

Nama Choko

Für ca. 30 Stück

300 g Schokolade, 70 % Kakao
200 g Sahne
2 EL Honig
1 TL Rum
Backkakao

Matcha Nama Choko

Sahne-Schokolade mit Matcha

Für ca. 30 Stück

400 g weiße Schokolade
4 gehäufte TL Kochmatcha
100 g Sahne

Ichigo Nama Choko

Sahne-Schokolade mit Erdbeer

Für ca. 30 Stück

400 g weiße Schokolade
100 g Sahne
5 gehäufte TL Erdbeerpulver
Backkakao

außerdem:

eine Form ca. 15 × 20 cm (Muffinform, Auflaufform, Silikonform oder Dose)

1 Die Form für alle drei Varianten mit Backpapier komplett auslegen, sodass auch die Ränder bedeckt sind. Die Schokolade in kleine Stücke brechen.

2 **Für Nama Choko** Sahne und den Honig in einem kleinen Topf erhitzen, nicht zum Kochen kommen lassen. Sobald die Sahne warm ist, die Hitze des Herdes auf die kleinste Stufe stellen und unter ständigem Rühren die Schokolade hineingeben. Hat sich die Schokolade komplett in der Sahne gelöst, den Rum hinzugeben und nochmals alles gut durchrühren.

3 **Für Matcha Nama Choko** Sahne und Matcha in einem kleinen Topf erhitzen, nicht zum Kochen kommen lassen. Wer hat, kann den Mixer eines Milchaufschäumers verwenden, um den Matcha besser mit der Sahne zu mischen. Sobald die Sahne warm ist, die Hitze des Herdes auf die kleinste Stufe reduzieren und unter ständigem Rühren die Schokolade hineingeben, bis alles komplett geschmolzen ist.

4 **Für Ichigo Nama Choko** Sahne und Erdbeerpulver in einem kleinen Topf erhitzen, aber nicht zum Kochen kommen lassen. Mit einem Milchaufschäumer lässt sich das Pulver besser in der Sahne verteilen. Sobald die Sahne warm ist, Herd auf die kleinste Stufe herunterschalten und unter ständigem Rühren die Schokolade hineingeben, bis alles komplett geschmolzen ist.

5 Die Schokolade in der jeweiligen Geschmacksrichtung in die Form geben und für mindestens 5 Stunden oder am besten über Nacht in den Kühlschrank stellen. 10 Minuten vor dem Servieren aus dem Kühlschrank holen, mit etwas Backkakao oder Matcha bestäuben und in mundgerechte Rechtecke schneiden.

生チョコ

PAFE

Eisbecher mit Kuchen

Für 4 × 250-ml-Gläser

200 g Schlagsahne

1 Päckchen Vanillezucker

150 g japanischer Käsekuchen (Rezept S. 82, gerne vom Vortag) oder gekaufter Kuchen

230 g Erdbeeren

12 Kugeln Vanilleeis (ca. 400 g)

30 g Cornflakes, z. B. Honig-Nuss-Crunch

8 längliche Kekse, z. B. Eiswaffeln oder -stangen

Erdbeersoße

4 Minzblätter

1. Die Schlagsahne mit dem Vanillezucker steif schlagen. Den Käsekuchen in kleine Würfel schneiden. Die Erdbeeren waschen, den Strunk entfernen und in kleine Stücke schneiden.

2. Nun geht es ans Schichten: Die Basis bildet etwas japanischer Käsekuchen, etwa 2 bis 3 Würfel pro Glas. Darauf folgen ein paar Erdbeeren, eine Kugel Eis pro Glas, darüber etwas Erdbeersoße, getoppt von etwas Schlagsahne. Anschließend wird die Hälfte der Cornflakes auf alle vier Gläser verteilt. Dann geht's wieder von vorne los: Die restlichen Kuchenwürfel werden auf alle 4 Gläser verteilen, es folgen 2 Kugeln Eis für jedes Glas, danach die restlichen Cornflakes. Als Deko kommen auf jedes Glas die restlichen Erdbeeren, Kekse, Erdbeersoße, Minzblätter und Sahne.

Übrigens ... für dieses Parfait haben wir zusätzliche Schokofiguren zum Verzieren verwendet!

How to: Schichtenaufbau

パフェ

SHOKUPAN

Fluffiges Milchbrot

Für 1 Brot

Yudane
100 g Mehl, Typ 550
100 ml kochendes Wasser (nach dem Kochen abgemessen)

Teig
400 g Mehl, Typ 550
4 TL Zucker
7 g Trockenhefe
30 g weiche Butter
1 TL Salz
250 ml lauwarme Vollmilch

zusätzlich:
Kastenform, Länge 25 cm

1. **Für Yudane** Mehl und kochendes Wasser mit dem Knethaken des Handmixer mischen und zu einem glatten Teig kneten. Yudane zu einer Kugel formen und abgedeckt 8 Stunden im Kühlschrank oder über Nacht ziehen lassen.

2. Yudane in kleine Stücke reißen und in eine Schüssel geben. Mehl, Zucker, Hefe, Butter, Salz und lauwarme Milch hinzugeben. Achtung, die Milch darf nicht zu heiß sein, sonst stirbt die Hefe. Mit dem Knethaken des Handmixers mindestens 5 Minuten zu einem glatten Teig verkneten. Den Teig in der Schüssel mit einem sauberen Handtuch abdecken und 60 Minuten an einem warmen Ort ruhen lassen.

3. Eine Kastenform mit Backpapier auslegen oder einfetten. Den Teig nach der Ruhezeit nochmals durchkneten und in 3 gleich große Portionen aufteilen. Diese zu Kugeln formen und nebeneinander in die Kastenform legen. Nochmals mit einem sauberen Handtuch abdecken und 30 Minuten ruhen lassen. In der Zwischenzeit den Backofen auf 200 °C Ober-/Unterhitze vorheizen. Die Temperatur muss erreicht sein, bevor das Brot in den Ofen kommt.

4. Nach der Ruhezeit das Brot auf mittlerer Schiene 25 Minuten backen. Danach aus dem Ofen nehmen und – wenn möglich – auf einem Gitter abkühlen lassen. Sobald es abgekühlt ist, kann es zum Aufbewahren in Alufolie gewickelt werden. Dadurch bleibt es auch außen schön weich.

YUDE AZUKI-JOGHURT-ERDBEER-SCHNITTE

Für 1 Scheibe Shokupan
3 Erdbeeren
1 TL Butter
2-3 EL Yude Azuki (Rezept S. 94)
2 EL Naturjoghurt

1. Erdbeeren waschen und in Scheiben schneiden. Brotscheibe erst mit Butter, dann mit Yude Azuki bestreichen. Den Joghurt mit dem Esslöffel auf die roten Bohnen geben und diesen mit Erdbeerscheiben belegen.

食パン

MATCHA TIRAMISU

Tiramisu mit Matcha-Geschmack

Für 1 Form (ca. 9 Stück)

Teig

4 Eier
130 g Zucker
3 TL Kochmatcha, gehäuft
200 ml Vollmilch
160 g Mehl Typ 405
40 g Speisestärke
1 TL Backpulver

Creme

200 g Schlagsahne
500 g Mascarpone
300 g Frischkäse, natur, Doppelrahmstufe
300 g Zucker
1 Päckchen Vanillezucker

Kuchensirup

2 EL Honig
5 EL Wasser

Deko

2 TL Kochmatcha zum Bestreuen

zusätzlich:

1 Back- oder Auflaufform ca. 23 × 23 cm,
Backpapier

1. **Für den Teig** die Backform mit Backpapier auslegen. Eier trennen. Zucker und Matcha mischen, bis alle Klümpchen aufgelöst sind. Eigelb mit Matcha-Zucker, Milch, Mehl, Speisestärke und Backpulver zu einem Teig mischen. Eiweiß steif schlagen und vorsichtig unter den Matcha-Teig heben. Den Teig in die Backform füllen und bei 150 °C Ober-/Unterhitze 30 Minuten backen. Den Kuchen aus dem Ofen holen und vollständig abkühlen lassen.

2. **Für die Creme** Sahne steif schlagen und beiseitestellen. Mascarpone, Frischkäse, Zucker und Vanillezucker in einer Schüssel vorsichtig mit einem Löffel oder Schneebesen mischen. Die Creme dabei nicht zu schnell rühren. Danach die Schlagsahne vorsichtig unterheben.

3. **Für den Sirup** Honig in einer kleinen Schüssel durch Rühren im Wasser auflösen.

4. **Zum Fertigstellen** den Matchakuchen mit dem Backpapier aus der Form heben und längs mit einem langen Messer halbieren, sodass man 2 gleich große Kuchenböden bekommt. Den unteren Boden zurück in die Backform legen und mit der Hälfte des Honigwassers beträufeln. Dann die Hälfte der Creme auf dem Kuchenboden in der Form gleichmäßig verteilen. Den zweiten Kuchenboden auf die Creme setzen und mit dem restlichen Honigwasser beträufeln. Mit der restlichen Creme den zweiten Kuchenboden vollständig bestreichen. Die Form mit Frischhaltefolie abdecken und über Nacht in den Kühlschrank stellen.

5. Vor dem Servieren mit dem Matchapulver bestreuen.

抹茶ティラミス

YUZU DANGO

Zitrusdessert mit süßen roten Bohnen und Reiskugeln

Yude Azuki

Rotes Bohnenmus

Ergibt ca. 650 g
200 g Azuki-Bohnen
Eiswasser mit Eiswürfeln
150 g Zucker

1. Azuki-Bohnen mit 1 Liter Wasser im Topf über Nacht quellen lassen.
2. Am Tag darauf eiskaltes Wasser mit Eiswürfeln vorbereiten. Bohnen bei hoher Temperatur erhitzen. Fängt das Wasser an zu kochen, Bohnen in ein Sieb abgießen und sofort ins Eiswasser schütten. Bohnen erneut in den Topf geben und 1 Liter Wasser hinzugeben. Den Inhalt des Topfes zum Kochen bringen, bei mittlerer Hitze 60 Minuten köcheln. Ab und zu Schaum von der Oberfläche abschöpfen. Die Bohnen sollten immer mit etwas Wasser bedeckt sein: falls nötig, etwas nachgießen.
3. Danach Zucker in den Topf geben, gut umrühren. Schwimmen die Bohnen noch in sehr viel Wasser, dieses auf höchster Stufe einkochen, bis die Konsistenz einer dickflüssigen Suppe entspricht. Dabei oft umrühren! Topf vom Herd nehmen.
4. Mit einem Kartoffelstampfer 4- bis 5-mal die Bohnen zerstampfen – entweder komplett zur Paste oder so, dass die meisten Bohnen noch erhalten sind.

Dango

Süße Reiskugeln

Für 28 Stück
200 g Klebreismehl
60 g Reismehl
215 ml Wasser
1 EL Zucker

außerdem: Backpapier

1. Zutaten zu Teig verkneten. 28 gleichgroße Kugeln formen und auf Backpapier legen. Zusätzliches Backpapier in 28 Quadrate schneiden, je 1 Kugel daraufsetzen und in Dampfgarer legen. Alternativ Dampfgareinsatz des Reiskochers oder Bambusdämpfer mit Deckel über kochendem Wasser verwenden. Dango 15 Minuten dämpfen, danach für den Dango-Becher (siehe Kasten) in Gläser setzen.

Yuzu-Sirup

Zitrussirup

Für 2 Gläser à 250 ml
180 ml Yuzu-Saft
200 ml Wasser
400 g Zucker

1. Alle Zutaten in einen Topf geben und mischen. Den Zuckersaft zum Kochen bringen und 15 Minuten sprudelnd kochen lassen. In saubere, sterile Gläser füllen und zuschrauben. Yuzu-Sirup eignet sich super für Kakigori oder Vanilleeis. Auch Sekt oder alkoholische Drinks lassen sich damit sehr gut veredeln.

DANGO-BECHER FÜR 4

28 Dango wie oben beschrieben zubereiten. 200 g Sahne mit 1 Tütchen Vanillezucker mischen und steif schlagen. Je 7 Dango auf 4 Becher verteilen. Die Dango mit Yuzusirup beträufeln. In jeden Becher 50 g Yude Azuki, 1 Kugel Vanilleeis, etwas Schlagsahne geben. Nach Belieben die Sahne mit etwas Kochmatcha bestreuen.

柚子団子

REGISTER